C. Blindauer

Jungjohann Reihe zur mündlichen Prüfung

Psychiatrie in Frage und Antwort

Jungjohann Reihe zur mündlichen Prüfung

Psychiatrie
in Frage und Antwort

346 Fragen zur mündlichen Prüfung,
ausführlich beantwortet und mit 13 Fallgeschichten ergänzt.

von Claudia Blindauer, Essen
unter Mitarbeit von Thomas Muche, Essen

Jungjohann Verlagsgesellschaft
Neckarsulm · Stuttgart

Zuschriften und Kritiken an:
Dr. med. H. Jungjohann,
Postfach 1252,
D-7107 Neckarsulm

Wichtiger Hinweis
Die Erkenntnisse in der Medizin unterliegen laufenden Wandel durch Forschung und klinische Erfahrungen. Die Autorin dieses Werkes hat große Sorgfalt darauf verwendet, daß die gemachten (therapeutischen) Angaben dem derzeitigen Wissensstand entsprechen. Das entbindet den Benutzer aber nicht von der Verpflichtung, seine Verordnung in eigener Verantwortung zu bestimmen.

CIP-Titelaufnahme der Deutschen Bibliothek

Blindauer, Claudia:
Psychiatrie in Frage und Antwort: 346 Fragen zur mündlichen Prüfung,
ausführlich beantwortet und mit 13 Fallgeschichten ergänzt/
von Claudia Blindauer. – 1. Aufl. – Neckarsulm; Stuttgart: Jungjohann, 1991
(Jungjohann-Reihe zur mündlichen Prüfung)
ISBN 3-8243-1119-4

1. Auflage Januar 1991

Satz und Umschlag: Schäffler & Renz, Ulm/Lübeck, Gerda Reichle, Ulm
Herstellung: B & K Druckformservice, Krefeld; Druckhaus Schwaben, Heilbronn

Printed in West Germany

Vorwort

Das vorliegende Buch "*Psychiatrie in Frage und Antwort*" wurde geschrieben, um Medizinstudentinnen und -studenten die Vorbereitung auf den mündlichen Teil des zweiten und dritten Staatsexamens in diesem Fach zu erleichtern.

Wir haben hierfür Fragen aus Prüfungsprotokollen von mündlichen Examensprüfungen an Universitäten gesammelt und diese ausführlich beantwortet.

Anhand der Strukturierung in Frage und Antwort ist die LeserIn jederzeit in der Lage, ihr Wissen zu überprüfen und zu erweitern, Wissenslücken zu erkennen und sich somit gezielt auf die mündliche Prüfung vorzubereiten.

Ziel des Buches ist jedoch auch, über den alleinigen Erwerb von Grundkenntnissen hinaus, Einsicht in die Zusammenhänge psychiatrischer Krankheitsbilder zu vermitteln.

Die Gliederung der Kapitel entspricht dieser Zielsetzung. So werden im ersten Teil Fragen nach der Symptomatik des jeweiligen Krankheitsbildes, dem diagnostischen Vorgehen und den therapeutischen Möglichkeiten gestellt. Im zweiten Teil findet sich eine Fallgeschichte, die zeigen soll, daß die StudentIn in der Lage ist, erworbenes Wissen zu verknüpfen und praktisch umzusetzen.

Da wir der Meinung sind, daß psychiatrisches Wissen im ärztlichen Alltag eine wichtige Rolle spielt, haben wir uns bemüht, den Stoff über die Fragestellung hinaus beispielhaft nachvollziehbar und praktisch anwendbar darzustellen.

Wir hoffen, daß dieses Buch das Interesse für die Psychiatrie fördert, das Verständnis für psychisch erkrankte Menschen erleichtert und damit auch über den Zeitraum der Prüfungsvorbereitung hinaus von Nutzen sein wird.

Besonders danken möchten wir Dr. Jürgen Rimpel, Oberarzt an der Rheinischen Landes- und Hochschulklinik Essen, der dieses Buch kritisch durchgesehen und wichtige inhaltliche Impulse für seine Ausgestaltung gegeben hat.

Essen, im Januar 1991

Claudia Blindauer
Thomas Muche

Inhaltsverzeichnis

1. Affektive Psychosen

1.1 Allgemeiner Teil

? *Frage: Durch welche Symptome sind affektive Psychosen charakterisiert?*

✔ **Antwort:** Bei den affektiven Psychosen liegt die grundlegende Störung im Bereich der **Stimmungsregulierung.**

Die zwei Grundformen der affektiven Psychosen sind die **Melancholie** und die **Manie**. Bei der Melancholie imponiert eine **depressive**, bei der Manie eine **gehobene** Grundstimmung.

Die anderen Hauptsymptome sind:

- Veränderungen im Bereich des **Antriebes**. Es findet sich bei der Melancholie meist eine Verminderung, seltener eine Steigerung des Antriebs.
- Veränderungen im Bereich des **Denkens**. Bei der Melancholie sind die Denkabläufe verlangsamt, die Gedanken kreisen um einige wenige Themen. Bei der Manie sind die Denkabläufe beschleunigt und die Denkzusammenhänge gelockert.

Zu den genannten Symptomen können Denk- und Wahrnehmungsstörungen (kognitive Störungen) hinzutreten.

? *Frage: Welchen typischen Verlauf haben affektive Psychosen?*

✔ **Antwort:** Die Erkrankung verläuft in zeitlich abgesetzten Krankheitszeiträumen (**Phasen**).

Die **Zahl der Phasen** kann von PatientIn zu PatientIn sehr unterschiedlich sein. Es kommen monophasische Verläufe mit nur einer Phase vor. Die schnellsten Phasenwechsel haben die sogenannten *„rapid cycler"* mit meist 48-Stunden-Phasen.

Auch die **Phasendauer** kann stark schwanken. Sie reicht von wenigen Tagen bis zu einigen Jahren.

Zahlenmäßig überwiegen die kurzdauernden Phasen. 60% der Phasen dauern bis zu drei Monaten, weitere 20% bis zu sechs Monaten.

Die zwischen den Phasen liegende symptomfreie Zeit wird als **„freies Intervall"** bezeichnet.

In der Regel entstehen keine bleibenden psychischen Veränderungen (**Residuen**). Die Betroffenen sind nach Ablauf einer Phase „dieselben Menschen wie vorher" (E. Bleuler). Eventuell kann eine leichte Restdepressivität und emotionale Labilität bestehen bleiben.

? *Frage: Welche Verlaufsformen unterscheiden Sie bei affektiven Psychosen?*

✔ **Antwort:** Man unterscheidet zwischen **mono**- und **bipolaren** Psychosen.

- **Monopolar** bedeutet, daß entweder nur melancholische oder nur manische Phasen auftreten.

  Bipolar heißt, daß im Rahmen der Erkrankung sowohl melancholische als auch manische Phasen auftreten.

  Die weitere Differenzierung erfolgt nach der **Phasenhäufigkeit**:

- **Einphasig** wird das einmalige Auftreten einer manischen oder melancholischen Phase genannt.

- **Mehrphasig** ist die Bezeichnung für mehrere aufeinanderfolgende Phasen des gleichen oder auch unterschiedlichen Typs.

? ***Frage***: *Welche Verlaufsform kommt am häufigsten vor?*

✔ **Antwort:** Die häufigste Verlaufsform ist die **monopolare, mehrphasige Depression** (43% der affektiven Psychosen), am seltensten ist die monopolare, einphasige Manie (5-10%).

? ***Frage***: *Nach ihrer Entstehungsursache unterscheidet man zwischen somatogener, endogener und psychogener Depression. — Worin bestehen die Unterschiede?*

✔ **Antwort:**

- **Somatogene Depression**: Hier besteht ein Kausalzusammenhang zwischen körperlicher Erkrankung und der Depression. Auslösend können **primäre** Gehirnschädigungen wie Traumen, Tumoren und Enzephalitiden sein, oder **sekundäre** Schädigungen wie Infektionen, Operationen und endokrine Erkrankungen.

- **Endogene Depression:** Endogen bedeutet „nicht durch äußere Einflüsse entstanden". Der Begriff entstand um die Jahrhundertwende und bezeichnete eine Erkrankung, die durch angeborene Anlagen ausgelöst wird.

  Heute wird die Meinung vertreten, daß es sich um eine Erkrankung mit genetischer Disposition handelt, die in ihrer Entstehung aber von exogenen Auslösefaktoren (Konflikten, Lebensumstellungen u. a.) mit beeinflußt wird.

Bem.: Wie in der Fachliteratur üblich, soll auch hier im allgemeinen der Begriff „Melancholie" zur sprachlichen Abgrenzung der endogenen Depression gegenüber anderen Depressionsformen verwandt werden.

- **Psychogene Depression:** Man unterteilt sie in die psychoreaktive und die neurotische Depression.

  Beiden gemeinsam ist der Zusammenhang zwischen psychischer Auslösung und Depression.

  Bei der psychoreaktiven Depression liegt ein herausragendes, objektiv verstehbares Ereignis (Tod, Liebesenttäuschung) zugrunde, bei der neurotischen Depression ein lange zurückliegender, nicht verarbeiteter Konflikt.

? ***Frage:*** *Manie und Melancholie faßt man unter den Begriff „affektive Psychosen" zusammen. — Welche Gemeinsamkeiten weisen sie auf?*

✔ **Antwort:** Gemeinsam ist beiden

- die für die jeweilige Erkrankung typischen Antriebs-Stimmungs-Schwankungen,
- der phasische, zeitlich nicht vorhersagbare Verlauf der Erkrankung,
- die Umwelt-Anlage-Ätiologie und

- die vegetativen Regulationsstörungen.

Daneben ist bei beiden Verläufen eine **Nivellierung von Werten und Bewertungen** typisch:

- Die Melancholische sieht sich selbst und ihre Umwelt nur durch „die dunkle Brille“. Im Extremfall entwickelt die Kranke einen nihilistischen Wahn, bei dem die eigene Existenz negiert wird.
- Die Manische besitzt gegenüber allem eine positive Betrachtungsweise. Die Selbstüberschätzung der PatientIn kann bis zum Größenwahn führen.
- Ein Ausstieg aus ihrem Bewertungssystem ist den Kranken im akuten Stadium der Erkrankung nicht möglich.

? **Frage:** *Wie groß ist die Wahrscheinlichkeit für Sie, an einer affektiven Psychose zu erkranken?*
— Macht es dabei einen Unterschied, ob Sie dem weiblichen oder männlichen Geschlecht angehören?

✔ **Antwort:** Die durchschnittliche Krankheitserwartung liegt in mitteleuropäischen Ländern bei 0,6%.

Der größte Teil der Erkrankungen beginnt zwischen dem 30. und 40. Lebensjahr. Bipolare Psychosen beginnen im allgemeinen früher als monopolare.

Melancholien sind bei Frauen doppelt so häufig wie bei Männern, während rein manische und bipolare Verläufe bei beiden Geschlechtern etwa gleich häufig vorkommen.

1.2 Spezielle Formen

1.2.1 Melancholie

? **Frage:** *Als Melancholie bezeichnet man eine affektive Psychose, bei der depressive Verstimmungen vorherrschen.*
— Wie beschreiben die Kranken selbst ihre Stimmung?

✔ **Antwort:** Die melancholisch Kranken berichten, daß ihr Dasein ihnen sinnentleert erscheine. Es gäbe nichts mehr, worüber sie sich freuen könnten. Gegenüber ihren Mitmenschen fühlten sie sich minderwertig, häßlich und schuldig.

Viele PatientInnen betonen, daß ihre Empfindungen nichts mit Traurigkeit zu tun haben, sondern beklagen gerade das Gefühl, **nicht fühlen zu können**, vor allem auch, nicht traurig sein zu können („*Gefühl der Gefühllosigkeit*“).

Das wird von den melancholisch Kranken quälend erlebt. Sie fühlen sich erstarrt und leblos, ihr Herz sei wie „aus Stein“.

? **Frage:** *Welches sind die körperlichen Mißempfindungen, über die melancholisch Kranke oft berichten?*

✔ **Antwort:** Die Melancholie wird auch als „leibnächste Psychose" bezeichnet. Damit wird zum Ausdruck gebracht, daß häufig Störungen des körperlichen Wohlbefindens neben den psychopathologischen Symptomen auftreten.

Diese Störungen des körperlichen Befindens bezeichnet man als **Vitalsymptome**. Hierunter faßt man:

Abgeschlagenheit, Appetitstörungen und Obstipation, Potenzstörungen und Libidoverlust sowie Druck- oder Schmerzgefühle in Brust- oder Bauchgegend.

Oft besteht eine starke innere Unruhe.

Bei fast allen melancholisch Kranken finden sich Schlafstörungen. Am häufigsten sind Durchschlafstörungen, bei denen die Kranken in der zweiten Nachthälfte erwachen und nicht wieder einschlafen können.

? *Frage: Bei einem 50jährigen Patienten, der wegen anhaltender Kopfschmerzen schon viele ÄrztInnen konsultiert hat, bei dem aber alle diagnostischen Verfahren bisher keinen objektivierbaren Befund erbracht haben, vermuten Sie ein depressives Syndrom.*
— Wie nennt man diese Form der Depression?
— Welche Fragen stellen Sie, um eine Depression zu verifizieren?

✔ **Antwort:** Wenn körperliche Beschwerden im Vordergrund stehen, ohne daß dafür organische Ursachen zu finden sind, spricht man von *larvierter* oder *maskierter Depression.*

Typische psychische Symptome der Melancholie sind nur bei eingehender nervenärztlicher Untersuchung feststellbar.

Die Fragen zielen auf:

- Sind schon einmal früher ähnliche Symptome aufgetreten?
- Ist eine familiäre Belastung bekannt?
- Gibt die PatientIn Tagesschwankungen an. Hierunter versteht man ein morgendliches Stimmungstief und eine Stimmungsaufhellung zum Nachmittag hin?
- Sind Vitalsymptome vorhanden?
  So gut wie nie fehlen Schlafstörungen, v.a. Durchschlafstörungen.

? *Frage: Wahnideen sind bei melancholisch Kranken häufig. Die Inhalte des wahnhaften Erlebens stehen in engem Zusammenhang mit der Grundstimmung.*
— Nennen Sie die typischen Themen beim melancholischen Wahn.

✔ **Antwort:**

- **Verschuldungs- oder Versündigungswahn.**
  Die Kranke hält sich für einen schlechten und sündigen Menschen, der mitverantwortlich am Elend der Welt sei.

- **Hypochondrischer Wahn.**
  Die PatientIn wähnt sich unheilbar erkrankt. Niemand könne ihr helfen.

- **Verarmungswahn.**
  Hier besteht die Gewißheit, daß kein oder kaum noch Geld vorhanden sei und daß der finanzielle Ruin unabwendbar sei.

- **Nihilistischer Wahn.**
  Als Antwort auf die empfundene Leblosigkeit wird die Existenz der eigenen Person geleugnet, eventuell verbunden mit der Frage nach dem Bestehen der Umwelt.

? ***Frage:*** *Ein Großteil der melancholisch Kranken ist über einen langen Zeitraum ihrer Erkrankung zumindest latent suizidal.*
— Wie erkennen Sie die Suizidgefahr?

✔ **Antwort:** Zur Erkennung der Suizidgefahr steht an erster Stelle das offene, **ärztliche Gespräch**, in dem vermutete Suizidtendenzen wiederholt angesprochen werden sollen.

Für eine **erhöhte Gefahr** sprechen:

frühere Suizidversuche der PatientInnen, akute Angst, anhaltende Depressivität, Schulderleben und starke Aggressivität, die nicht nach außen sichtbar werden muß.

? ***Frage:*** *Was können Sie tun, um eine Patientin vor Selbstmordimpulsen zu schützen?*

✔ **Antwort:**

- An erster Stelle steht der Aufbau von festen, mitmenschlichen Bindungen. Wichtig ist der Kontakt zu Angehörigen, aber auch eine enge therapeutische Führung durch die ÄrztIn.
- Zum Teil sind diese Maßnahmen nicht ausreichend, bestehende Suizidtendenzen abzuschwächen. Dann ist, zur Abwendung einer Gefahr für die Suizidgefährdeten, die Einweisung in eine geschlossene psychiatrische Klinik unumgänglich.
- Bei der Verschreibung von Psychopharmaka (Benzodiazepine, Neuroleptika und Antidepressiva) muß man immer auch an die Möglichkeit eines suizidalen Mißbrauchs denken!
- Öffentlichkeitsarbeit, um die Vorurteile gegenüber psychisch Kranken abzubauen und eine erfolgreiche Wiedereingliederung zu erleichtern.

? ***Frage:*** *Wann ist die Suizidgefahr bei melancholisch Kranken am größten?*

✔ **Antwort:** Besonders groß ist die Suizidgefahr bei melancholisch Kranken zu Beginn einer medikamentösen Therapie. Während die Gedanken pessimistisch bleiben, kann es zu einer Antriebssteigerung kommen, so daß Suizidimpulse eher verwirklicht werden können.

Bei bestehenden Suizidtendenzen sollte man aus diesem Grund auf sedierende Antidepressiva zurückgreifen.

Die zusätzliche Gabe von Benzodiazepinen sollte aufgrund der späteren Absetzschwierigkeiten restriktiv gehandhabt werden.

? ***Frage:*** *Welche Medikamentengruppe steht im Mittelpunkt der somatischen Behandlung der Melancholie?*

✔ **Antwort:** Mittel der ersten Wahl sind die **Antidepressiva.**

Sie besitzen stimmungsaufhellende und angstlösende Wirkungen.

Zu dieser Gruppe zählen die **tri-** und **tetrazyklischen Antidepressiva** und die **Monoaminoxidasehemmer**.

Die Aminpräkursoren (Tryptophan und L-Tryptophan) sind dieses Jahr vom Markt genommen worden, weil einige Patientinnen unter Medikation ein Eosinophilie-Myalgie-Syndrom entwickelt haben.

Nach Kielholz unterscheidet man drei klinisch-therapeutische Wirkungsgruppen:

- Antidepressiva vom **Amitriptylintyp** (z.B. Saroten®) besitzen depressionslösende und psychomotorisch *dämpfende* Wirkung.
  Sie sind bei *agitiert-depressiven* Syndromen indiziert.

- Antidepressiva vom **Imipramintyp** (z.B. Tofranil®) besitzen depressionslösende und psychomotorisch *leicht aktivierende* Wirkung.
  Sie sind bei *schwach gehemmt-depressiven* Syndromen indiziert.

- Antidepressiva vom **Desipramintyp** (z.B. Pertofran®) besitzen depressionslösende und psychomotorisch **stark aktivierende** Wirkung.
  Sie sind bei **gehemmt-depressiven** Syndromen indiziert.

Bem.: Daneben ist eine psychotherapeutische Führung der PatientIn für die Bearbeitung von vorangegangenen und durch das psychotische Erleben entstandener Konflikte natürlich unerläßlich.

? ***Frage***: *Welche therapeutischen Möglichkeiten haben Sie – neben der Behandlung mit Antidepressiva – den Verlauf der Melancholie positiv zu beeinflussen?*

✔ **Antwort**

- **Schlafentzug.**
  Er sollte möglichst als kompletter Schlafentzug in einer Serie (ungefähr zweimal pro Woche) durchgeführt werden.

  Falls ein kompletter Schlafentzug nicht toleriert wird, kann er auch partiell, am besten in der 2. Nachthälfte, erfolgen.

  80% der Kranken zeigen am darauffolgenden Tag eine deutliche Besserung der Symptomatik. Die Dauer des Therapieerfolges hält meist zwei Tage an.

- **Elektrokrampfbehandlung.**
  Das Prinzip beruht auf der Auslösung eines epileptischen Krampfanfalls mittels elektrischer Stimulation.

  Dieses in den angloamerikanischen Ländern recht häufig benutzte Verfahren wird in der Bundesrepublik Deutschland nur noch selten angewandt.

  Indikation ist die Depression, die gegenüber medikamentöser Therapie refraktär ist.

- **Langzeitmedikation.**
  Bei periodisch verlaufenden Melancholien ist eine Langzeitprophylaxe mit Lithiumsalzen indiziert.

- **Lichttherapie.**
  Sie erfolgt mehrere Stunden täglich – meist vormittags – gegenüber Licht in einer Stärke von mindestens 2000 Lux.

? ***Frage***: *Welche Nebenwirkungen treten unter der Behandlung mit Antidepressiva am häufigsten auf?*

✔ **Antwort:** Vorherrschend sind **vegetative Nebenwirkungen**, die vor allem zu Behandlungsbeginn auftreten. Die meisten Antidepressiva besitzen anticholinerge Wirkungen.

Einige der häufig auftretenden vegetativen Nebenwirkungen sind:

Tachykardie, Schwindel, Trockenheit der Schleimhäute, Akkomodationsstörungen, Miktionsstörungen, Steigerung des Augeninnendruckes bei Neigung zu

Glaukom, Obstipation, Mydriasis, feinschlägiger Tremor der Hände und Hyperhidrosis.

? *Frage: Sie haben gesagt, daß vegetative Störungen die am häufigsten zu beobachteten Nebenwirkungen einer antidepressiven Therapie sind.*
— Welche anderen Nebenwirkungen sind Ihnen noch bekannt?

✔ **Antwort:**

- **Kardiovaskuläre Störungen.**
  Am häufigsten treten orthostatische Hypotonien auf.
  Ferner kann es zu Tachykardien, Arrhythmien und zu einer Verlängerung der Überleitungszeit kommen. Aus diesen Gründen sollten EKG-Kontrollen zu Beginn und in regelmäßigen Abständen während der Behandlung mit Antidepressiva durchgeführt werden.

- **Endokrine Störungen.**
  Beim Mann können Gynäkomastie und Potenzminderung, bei der Frau Galaktorrhoe und Menstruationsstörungen auftreten.

- **Neurologische Störungen.**
  Durch Senkung der Krampfschwelle können zerebrale Krampfanfälle vorkommen.
  Selten treten delirante Zustände auf. Sie sind meist Folge einer zu schnellen Dosissteigerung.

Wenn bei der Medikation eine der folgenden **Komplikationen** auftritt, muß das Medikament sofort abgesetzt werden: Agranulozytose, paralytischer Ileus, Arrythmien und Harnverhalt.

? *Frage: Welche Grundsätze müssen Sie im psychotherapeutischen Gespräch einer melancholischen PatientIn gegenüber einhalten?*

✔ **Antwort: Wichtig** ist es, den melancholisch Kranken mit Geduld und Ernsthaftigkeit zuzuhören und ihre Klagen zu akzeptieren. Dem Zustand der Zukunftslosigkeit muß das „Prinzip Hoffnung" entgegengestellt werden. Die Aufgabe der ÄrztIn ist es zu erklären, daß es sich bei der Erkrankung um einen vorübergehenden Zustand handelt und daß es Behandlungsmöglichkeiten gibt. Insofern haben auch Psychopharmaka durchaus einen psychotherapeutischen Effekt.

Falsch dagegen wäre es, den PatientInnen zu beteuern, daß man ihren Zustand „verstehen" könne, sie mit der Bemerkung „es geht Ihnen ja schon viel besser" zu trösten versuchen oder ihre geschilderten Beschwerden als unerheblich abzutun oder überzubetonen.

Ebenso ist es bei tief melancholisch Kranken nicht anzustreben, vorangegangene oder aktuelle Konflikte zu bearbeiten.

Fallgeschichte

Zur Vorgeschichte

Ein 45jähriger Beamter wird in die nächsthöhere Position befördert. Nach seiner Versetzung treten Schwierigkeiten auf: Er schafft seine Arbeit nicht mehr, wird zunehmend unruhiger und schlaflos.

Am Morgen fühlt er sich immer erschöpfter. Seinem Hausarzt berichtet er auch von zunehmenden Herzschmerzen, doch die daraufhin durchgeführte Behandlung mit Koronardilatatoren führt nicht zum gewünschten Erfolg. Die Herzschmerzen lassen zwar nach, aber die Erschöpfung während seiner Arbeit nimmt weiter zu, und so bittet er um Versetzung auf einen Posten mit geringeren Anforderungen. Die Vorgesetzten glauben ihm und folgen seinem Wunsch, aber auch hier lassen die Schwierigkeiten nicht nach.

Er klagt über Insuffizienzgefühle und Selbstunsicherheit; er zweifelt am eigenen Wert und beginnt vermehrt zu trinken. Auch die Ehefrau glaubt an die Überforderung durch seine Beförderung, da er doch früher immer sehr gewissenhaft und noch niemals ernsthaft krank gewesen sei.

Vom Hausarzt wird er schließlich in die psychiatrische Klinik eingewiesen.

Aktuelle Situation

Der Patient kommt zu Ihnen in die Aufnahme. Während des Gespräches steht er häufig von seinem Stuhl auf und geht im Zimmer umher. Er könne gar nicht mehr still sitzen bleiben, da er sich innerlich so unruhig fühle.

Er macht einen erschöpften Eindruck und berichtet mit starrer Mimik und tonloser Stimme von seiner Unfähigkeit, die im angetragene Arbeit ordentlich zu erledigen. Nichts funktioniere mehr, er sei mit keinem Auftrag zu Ende gekommen. Er gebe sich deshalb auch die Schuld daran, daß seine Firma in letzter Zeit Verluste mache.

Das alles mache ihm so zu schaffen, daß er an nichts anderes mehr denken könne. Auch nachts grübele er darüber nach, so daß er kaum noch schlafe.

? **Frage:** *Wie bezeichnen Sie die Symptomatik, unter der der Patient leidet?*

✔ **Antwort:** Der Patient zeigt ein depressives Syndrom, ohne daß eine nosologische Einteilung aufgrund der aktuellen Anamnese jetzt möglich wäre.

Die Diagnose „Melancholie“ ist anhand eines Querschnittsbildes schwer zu stellen

? **Frage:** *Was ist wesentlich, wenn Sie eine endogene Depression vermuten und die Diagnose sichern wollen?*

✔ **Antwort:** Wie schon gesagt, ist es oft schwierig, eine Melancholie anhand des momentanen Zustandsbildes zu stellen.

So kann sich eine endogene Depression hinter hartnäckigen körperlichen Symptomen, wie zum Beispiel Herzschmerzen, verstecken. Andererseits können auch bei einer neurotischen Depression Vitalsymptome und Tagesschwankungen auftreten. Auch eine psychoreaktive

Auslösung, wie hier die Belastung durch die Beförderung, spricht nicht gegen eine endogene Depression.

Wichtig ist deshalb besonders die Beurteilung des Krankheitsverlaufes. Wenn schon einmal früher depressive und/oder manische Phasen mit freien Intervallen aufgetreten sind, ist die Diagnosestellung meist einfach.

? **Frage:** *Welche Gefahr dürfen Sie im Umgang mit diesem depressiven Patienten nicht vernachlässigen?*

✔ **Antwort:** Es ist wichtig, daß nach einem beabsichtigten **Suizid** deutlich gefragt wird. Es ist nicht immer leicht, Suizidimpulse zu erkennen, wenn der Patient nicht offen über seine Absichten spricht. Das Thema muß dann später nochmals aufgegriffen werden.

Risikofaktoren, die auf eine erhöhte Suizidgefahr hinweisen, sind frühere Suizidversuche, Suiziddrohungen, Äußerungen konkreter Vorstellungen über die Durchführung des Suizids, Angst, quälende Unruhe, Schuldgedanken, Insuffizienzgefühle, belastende Umweltverhältnisse und Sucht.

? **Frage:** *Sie haben im Laufe des Gespräches erfahren, daß der oben genannte Patient schon zweimal wegen einer depressiven Phase stationär behandelt wurde. — Welche Therapie leiten Sie ein?*

✔ **Antwort:** Neben der depressiven Symptomatik zeigt der Patient eine körperlichen Unruhe, die sich in unstetem Auf- und Abgehen deutlich macht. Man spricht dann von einem depressiv-agitierten Syndrom.

Hier eignen sich sedierende trizyklische Antidepressiva wie Amitriptylin (Saroten®) oder Doxepin (Aponal®).

Bei vorbestehenden körperlichen Erkrankungen sollte wegen der gegenüber trizyklischen Antidepressiva geringeren anticholinergen Nebenwirkungen nicht-trizyklische Antidepressiva wie Mianserin (Tolvin®) gegeben werden.

? **Frage:** *Welche Dosierung wählen Sie*

✔ **Antwort:** Man beginnt z. B. mit Doxepin und einer Dosis von ca. 75 mg/die, die im Verlauf langsam gesteigert wird.

Normalerweise wird die Dosis gleichmäßig über den Tag verteilt. Wenn zusätzlich Schlafstörungen wie in obigem Beispiel bestehen, sollte abends die größere Dosis gegeben werden.

Die Wirkung setzt meist zwischen dem 8. und 15. Tag der Therapie ein. Ein Behandlungszeitraum von 3 Wochen sollte immer abgewartet werden, bevor eine Therapie mit diesem Medikament als unwirksam angesehen werden kann.

? **Frage:** *Welche therapeutischen Möglichkeiten haben Sie neben einer Psychopharmakotherapie?*

✔ **Antwort:** Das ärztlich psychotherapeutisch orientierte Gespräch. Im **akuten** Stadium sollte jedoch keine Konfliktarbeit angestrebt werden.

- Das Gespräch mit den Angehörigen. Sie werden über die Art der Erkrankung informiert, um ihnen dadurch ein besseres Verständnis für das Verhalten des Patienten zu ermöglichen.

- Das Gespräch mit dem beruflichen und sozialen Umfeld des Patienten, z. B. über die SozialarbeiterIn.

? **Frage:** *Der Patient zeigt während Ihrer Therapie nach 6 Wochen eine zunehmende Besserung der Affektstörung.*
— Wann können Sie ein Ausschleichen der Medikation erwägen?

✔ **Antwort:** Wenn bei der *ersten Phase* einer Melancholie unter antidepressiver Behandlung eine ca. dreiwöchige Symptomfreiheit besteht, kann die Medikation langsam über 3-4 Wochen ausgeschlichen werden.

Da es sich hier aber um die *dritte Phase* einer Melancholie handelt, sollte eine Erhaltungstherapie erwogen werden.

Hier bieten sich Lithiumsalze an, die allerdings den Nachteil haben, daß ihre Wirkung erst nach ungefähr 1/2 Jahr eintritt.

Auch eine Erhaltungstherapie mit *Antidepressiva* ist möglich. Sie wird aber nur bei der monopolaren Depression empfohlen.

1.2.2 Manie

? **Frage:** *Wie beschreiben Sie die Grundstimmung manisch Kranker?*

✔ **Antwort:** Die Grundstimmung der manisch Kranken ist heiter, unbeschwert und ausgelassen, ohne mit den äußeren Verhältnissen der Kranken im Einklang zu stehen. Das Selbstwertgefühl ist gesteigert, sie fühlen sich anderen gegenüber groß und bedeutend.

Der Überschuß an Affektivität zeigt sich nicht immer in übertriebener Heiterkeit, er kann sich auch in dysphorischer Stimmung, Erregung und aggressivem Verhalten ausdrücken.

? **Frage:** *Wie verändern sich – parallel zur Stimmung – Antrieb und Denken der manisch Kranken?*

✔ **Antwort:** Neben einem Übermaß an Affektivität ist die **psychomotorische Aktivität gesteigert.**

Die manischen PatientInnen stecken voller Tatendrang und Wagemut. Sie haben große Ziele, die sie auch aufgrund ihres grenzenlosen Selbstvertrauens zu verwirklichen suchen. Für ihre Pläne verschwenden sie zum Teil viel Geld und können so sich und ihre Familien verschulden.

Ausdruck des beschleunigten Denkens ist die **Ideenflucht**. Die Kranken sprechen schnell, haben ständig neue Assoziationen, die durch alle von außen kommenden Eindrücke ausgelöst werden.

Das Wesentliche kann nicht vom Unwesentlichen getrennt werden, alles ist den Manischen gleich wichtig und ihrer Aufmerksamkeit wert. Kein Satz wird zu Ende geführt und ein Thema folgt dem anderen. Sie „kommen vom Hölzchen aufs Stöckchen".

? **Frage:** *Was unterscheidet die Ideenflucht der Manischen von der Denkzerfahrenheit der Schizophrenen aus der Sicht der UntersucherIn?*

✔ **Antwort:** Die **Ideenflucht** ist gekennzeichnet durch eine Beschleunigung und assoziative Lockerung der Gedanken, ohne daß die UntersucherIn dabei „den roten Faden“ des Gespräches verliert.

Bei der **Denkzerfahrenheit** dagegen kommt es zu einem Verlust normaler Denkzusammenhänge und zur Bildung von neuen Assoziationen, bis hin zu Wortneubildungen (Neologismen). Die Gedankenzusammenhänge können oft nicht mehr nachvollzogen werden, das Denken erscheint alogisch.

? *Frage: Welche Medikamente werden zur Behandlung der akuten manischen Phase eingesetzt?*

✔ **Antwort:**

- Mittel der ersten Wahl sind **Neuroleptika**. Sie bewirken eine rasche Sedierung und motorische Dämpfung. Bei stark erregten manischen PatientInnen sind neben hochpotenten Neuroleptika zusätzlich niedrig potente wegen ihrer stärker sedierenden Wirkung indiziert.
- **Lithiumsalze** werden wegen ihrer motorisch weniger einengenden Wirkung oftmals von den Kranken als angenehmer empfunden. Nachteile der Lithiumtherapie bei akuter Manie sind ihr später Wirkungseintritt (bis zu 14 Tagen) und ihre gegenüber Neuroleptika geringere antimanische Wirkung.

  Lithiumsalze werden bei Manien – im Vergleich zu ihrem Einsatz als prophylaktische Medikation – höher dosiert (Serumspiegel maximal 1,2 mmol/l).
- Antimanische Wirkung zeigt auch **Carbamazepin** (Tegretal®), ein Benzodiazepinderivat. Der Wirkungseintritt erfolgt ebenso schnell wie unter Neuroleptika. Carbamazepin läßt sich gut mit Neuroleptika kombinieren.

? *Frage: Ein 40jähriger Mann, bei dem eine manisch-depressive Psychose bekannt ist, wird von seiner Ehefrau zur Aufnahme gebracht. Die Frau berichtet, daß ihr Mann seit ungefähr einer Woche wieder auffallend unruhig und gereizt sei. Er schmiede Pläne, einen Betrieb aufzubauen und habe zu diesem Zwecke schon eine Menge Geld ausgegeben. Außerdem schlafe er nachts immer weniger.*
Im Laufe des Aufnahmegespräches mit Ihnen wird der Mann zunehmend aggressiv und droht, gegebenenfalls mit Gewalt die Klinik zu verlassen. Er fühle sich keinesfalls krank und wisse daher nicht, was er hier solle.
— Was würden Sie tun?

✔ **Antwort:** Die geschilderte Symptomatik legt den Verdacht nahe, daß es sich um den Beginn einer manischen Phase im Rahmen einer bekannten bipolaren Psychose handelt.

- Personen, die die Erregung des Patienten steigern, sind aus dem Raum zu bitten.
- Zunächst ist eine Verständigung im Gespräch mit dem Patienten anzustreben.
- Falls dies nicht möglich ist, ist bei psychomotorisch stark erregten, aggressiven Patientinnen manchmal eine medikamentöse Sedierung unumgänglich. Dies schwächt die Symptomatik der Kranken ab und ermöglicht der ÄrztIn einen besseren Zugang zu den Patientinnen.
- Wenn die Diagnose schon bekannt ist, gibt man bei manischer Erregung Haloperidol (Haldol®) 10 mg i.m. oder langsam i.v. (eventuell nach ca. 30 min. wiederholen). Zusätzlich gegebenenfalls ein

niederpotentes Neuroleptikum (z.B. Levomepromazin (Neurocil®)) und im Bedarfsfall ein Benzodiazepin.

? *Frage: Der oben beschriebene Patient lehnt eine Behandlung im Krankenhaus weiterhin strikt ab. Sie sind aber der Meinung, daß der Mann stationär aufgenommen werden muß.*
— Was tun Sie?

✔ **Antwort:** Es sind zunächst alle Möglichkeiten auszuschöpfen, die den Patienten zu einer Behandlung auf freiwilliger Basis bewegen. Dazu gehört neben dem ärztlichen Gespräch die Mitbeteiligung von nahestehenden Personen.

Als letzte Möglichkeit ist die **behördlich-richterliche Einweisung** anzusehen. Hierbei erfolgt die Unterbringung in eine geschlossene Abteilung einer psychiatrischen Klinik oder einer Suchtanstalt gegen den Willen des Patienten. Voraussetzung ist, daß eine psychische Störung, eine Psychose, eine Suchtkrankheit oder Schwachsinn vorliegt **und** gleichzeitig eine ernsthafte Gefahr für den Kranken selbst oder die Allgemeinheit vorliegt.

Bem.: Die Weigerung des Patienten, sich behandeln zu lassen, rechtfertigt allein nicht eine Unterbringung.

Die Unterbringung wird erst durch gerichtlichen Beschluß rechtswirksam. Der Antrag auf Unterbringung ist von der Verwaltungsbehörde beim Amtsgericht zu stellen. Ihm muß ein ärztliches Gutachten über den Zustand des Patienten und die Gründe für die Annahme einer Selbst- oder Fremdgefährdung beigefügt sein.

Das Gericht kann eine **vorübergehende Unterbringung** für die Dauer von 6 Wochen bis 2 Monaten (abhängig von der Rechtslage der Bundesländer) anordnen, wenn es eine sofortige, aber nur vorübergehende Unterbringung für notwendig erachtet oder wenn die Erstellung eines Gutachtens diesen Zeitraum erfordert.

? *Frage: Auf Ihrer Station behandeln Sie eine Patientin, bei der nun die 3. Phase einer bipolaren Psychose diagnostiziert wurde. Der Zeitraum von der Ersterkrankung bis heute beträgt 4 Jahre.*
— An welches Medikament zur Phasenprophylaxe denken Sie?

✔ **Antwort:** Zur Phasenprophylaxe bipolarer Psychosen werden **Lithium-Salze** eingesetzt

Als Richtschnur für den Einsatz von Lithium gilt:

Wenn nach einer Phase innerhalb von 3 bis 5 Jahren weitere Phasen auftreten, besteht eine Indikation für eine Lithiumprophylaxe.

Prophylaktische Wirkung hat Lithium nicht nur bei bipolaren Psychosen, sondern auch bei monopolaren Manien und – allerdings weniger sicher – bei monopolaren Depressionen und schizoaffektiven Psychosen.

? *Frage: In welchem Stadium einer Phase beginnen Sie die Lithiumprophylaxe?*

✔ **Antwort:** Man beginnt am besten mit einer einschleichenden Lithium-Prophylaxe im abklingenden Stadium einer Phase.

? *Frage: Wann kann man die Unwirksamkeit einer Lithiumtherapie beurteilen?*

✔ **Antwort:** Beim Einsatz von Lithium-Salzen ist zu bedenken, daß die phasenprophylaktische Wirkung in der Regel erst nach ca. 6 Monaten einsetzt, in einigen Fällen auch erst nach Jahren.

Ein Abbruch wegen unzureichender Wirkung bei sonst guter Verträglichkeit sollte daher nicht vor einer zweijährigen Behandlungszeit erfolgen.

Bei Wirksamkeit der Lithium-Therapie kann man nach frühestens drei Jahren ein **langsames** Ausschleichen der Medikation versuchen.

? *Frage: Über welche unerwünschten Wirkungen müssen Sie Ihre Patientin aufklären?*

✔ **Antwort:** Lithium weist eine geringe therapeutische Breite auf. Daher ist der Serumspiegel vor allem anfänglich eng (wöchentlich) zu überprüfen.

Die Serum-Konzentration für die prophylaktische Wirkung liegt zwischen 0,6-0,8 mmol/l (max. bis 1,2 mmol/l).

✔ **Initiale Nebenwirkungen** sind
- Polyurie und Polydipsie als Ausdruck eines reversiblen Diabetes insipidus,
- feinschlägiger Fingertremor und
- gastrointestinale Beschwerden.

Später auftretende Nebenwirkungen sind
- Gewichtszunahme, Ödeme,
- euthyreote Strumabildung und
- Nierenfunktionsstörungen.

? *Frage: Ein Patient kommt zu Ihnen und berichtet, daß er seit einigen Tagen unter Abgeschlagenkeit, Müdigkeit und einem grobschlägigem Tremor der Hände leide. Auf Ihre Frage nach bekannten Erkrankungen gibt der Mann an, daß er wegen einer Psychose in psychiatrischer Behandlung sei.*
— Auf was könnten die angegebenen Symtome hinweisen?

✔ **Antwort:** Die oben angegebenen Beschwerden können auf eine beginnende **Lithiumintoxikation** hinweisen. Mit Intoxikationszeichen ist ab einer Lithium-Serumkonzentration von 1,6 mmol/l zu rechnen.

Eine vitale Gefährdung mit Schock, Koma und Muskelkrämpfen besteht bei Spiegeln über 3,5 mmol/l.

Die Hauptursachen einer Lithiumintoxikation sind einerseits die Überdosierung, andererseits ein Flüssigkeits- und Kochsalzmangel.

Lithium wird ausschließlich renal ausgeschieden, 80% werden tubulär rückresorbiert. Bei der Rückresorption konkurrieren Lithiumionen mit Natriumionen.

Besteht ein Kochsalzmangel (z.B. durch eine salzarme Diät, Diuretika, starkes Schwitzen oder Diarrhoen), wird Lithium verstärkt wiederaufgenommen und kann so im Serum kumulieren.

Fallgeschichte

Eine 45-jährige Frau wird von ihrem Mann und dem ältesten Sohn im August zu Ihnen in die Klinik gebracht.

Hier begrüßt sie Sie sehr herzlich und folgt Ihnen ohne weiteres in das Untersuchungszimmer, ständig unbekümmert redend.

Eigenanamnese

Sie erzählt, kaum daß sie gefragt wird, ausführlich und mit vielen Gesten und Worten über ihre Ferienreise und die dort gemachten Ausflüge. Sie berichtet, daß sie dabei Blumen gepflückt habe und auf einem Ausflug ein Foto habe machen lassen. Die Patientin lacht. Sie beschreibt den Fotographen genau, wo sie bei der Aufnahme gestanden hat und noch weitere Details. Abends seien sie immer in ein Tanzcafe gegangen, um etwas zu trinken. Dort habe sie häufig neue Bekanntschaften geschlossen. Der Kontakt sei eigentlich immer nur kurz gewesen, es sei aber auch öfter zu sexuellem Verkehr gekommen.

Von ihrem Mann zur Rede gestellt, habe sie geantwortet, daß er doch ein Versager sei, und daß sie alles besser könne als er. Sie sei aufgrund dieses Streits so wütend geworden, daß sie ihn in das Schlafzimmer gesperrt habe. Dann sei sie noch in der Nacht nach Hause gefahren, da sie sich überhaupt nicht müde gefühlt habe. Zuhause habe sie die Polizei verständigt, damit ihr Mann befreit würde. Währenddessen habe sie sich darangemacht, die Wohnung umzuräumen.

Als ihr Mann zurückkam, brachte er und der älteste Sohn sie in die Klinik, was sie auch ohne Schwierigkeiten zuließ.

Fremdanamnese

Der Sohn erzählt, daß seine Mutter Obstverkäuferin gewesen sei, aber schon mehrere Male die Arbeit nicht mehr ausführen konnte, da sie immer ihre „Phasen“ bekommen habe. In diesen habe sie die Kunden in lange Gespräche verwickelt und Obst verschenkt. Sie sei auch sonst eine lebenslustige, manchmal übermütige Persönlichkeit. In den „Phasen“ sei ihre Aktivität aber fast nicht zu ertragen. Vor zwei Jahren habe sie nach einer solchen Phase ihren Beruf aufgegeben. Sie habe dann zu Hause und im Garten immer alles schnell und gut erledigt, nur im Urlaub sei sie mehrmals „über die Stränge geschlagen“, so schlimm wie jetzt sei es aber noch nicht gewesen.

? *Frage: Welche Verdachtsdiagnose stellen Sie anhand des geschilderten psychopathologischen Befundes?*

✔ **Antwort:** Im psychopathologischen Befund wird eine gehobene Stimmung, eine Antriebssteigerung und eine Ideenflucht deutlich. Diese Symtome und die Aussage des Sohnes, daß die Mutter schon einmal ähnliche „Phasen“ hatte, legen den Verdacht nahe, daß es sich um eine endogene Manie handelt.

? *Frage: An welche anderen Krankheitsbilder denken Sie differentialdiagnostisch?*

✔ **Antwort:** Viele manisch Kranke zeigen auch in gesunden Intervallen eine **hyperthyme Wesensart**, so daß eine Trennung Persönlichkeit – Manie nicht immer einfach ist.

- In einigen Fällen ist die Abgrenzung zu **schizophrenen Erkrankungen** schwierig. Besonders dann, wenn zu dem manischem Erscheinungsbild Halluzinationen, Wahngedanken und katatone Symptome hinzutreten. Wenn sie sich auf den Höhepunkt der Erkrankung beschränken, spricht man vom „Überkochen der Manie".
- Enthemmung und Antriebssteigerung können bei **Intoxikationen** und **Alkoholpsychosen** auftreten.
- Manische Syndrome können auch bei **organischen Hirnerkrankungen** vorkommen.

? *Frage: Sie nehmen die Patientin stationär auf. Die Frau beteuert zwar, sie fühle sich überhaupt nicht krank, willigt dann aber nach Zureden ihrer Angehörigen in eine Behandlung ein.*
— Auf der Station zeichnet sie sich durch redselige Heiterkeit und unermüdliche Betriebsamkeit aus, welche schwer durch Worte einzudämmen ist.
— Welche medikamentöse Behandlung leiten Sie ein?

✔ **Antwort:** In der akuten Phase der Manie gibt man **Neuroleptika**.

Diese sind bei akut psychotischen Zustandsbildern und psychomotorischer Erregung gut wirksam. Neben Haloperiodol (Haldol®) 5-15 mg/die oder Perazin (Taxilan®) 300-600 mg/die, kann bei starker psychomotorischer Erregung zusätzlich ein stärker sedierendes Neuroleptikum (z.B. Levomepromazin (Neurocil®) verordnet werden.

Bem.: Unter Neuroleptika faßt man verschiedene chemische Stoffgruppen mit antipsychotischer Wirkung zusammen. Die heute gebräuchlichsten sind die trizyklischen Neuroleptika (Phenothiazine und Thioxanthene) und die Butyrophenone.

Bei weniger akut verlaufenden Manien kann initial **Lithium** angesetzt werden. Lithiumsalze haben neben ihrem phasenprophylaktischen Effekt bei affektiven Psychosen auch direkte antimanische Wirkung. Bei der Behandlung der Manie sollte der Serumspiegel im oberen Bereich liegen (maximal 1,2 mmol/l).

Eine **Kombinationstherapie** mit Lithium und Neuroleptika ist möglich, wenn auch mit einem erhöhten Nebenwirkungsrisiko (vermehrtes Auftreten von Dyskinesien) behaftet. Aus diesem Grund müssen häufiger EEG-Kontrollen durchgeführt werden.

Gut geeignet zur Kombination mit Neuroleptika ist Carbamazepin (Tegretal®).

1.2.3 Schizoaffektive Psychosen

? *Frage: Ein Patient, der wegen depressiver Symptomatik aufgenommen wurde, berichtet Ihnen während eines Gespräches, daß er glaube, daß ein Mitpatient, Herr Müller, nur deshalb so nett zu ihm sei, da er es auf sein Geld abgesehen habe. Er habe zwar schon seit längerem den Verdacht gehegt, aber erst gestern den Beweis für seine Befürchtungen erhalten. Er habe ein Gespräch im Nebenzimmer zwischen Herrn Müller und anderen Patienten mitverfolgen können. Dabei habe er erfahren, daß Herr Müller sich hinter seinem Rükken über seine Gutmütigkeit lustig macht, ja sogar die anderen gegen ihn aufhetzt.*
— Welche Sonderform der affektiven Psychosen müssen Sie bei Ihren differentialdiagnostischen Überlegungen hier in Erwägung ziehen?

✔ **Antwort:** Bei der oben beschriebenen Symptomatik muß man differentialdiagnostisch an eine **schizoaffektive Psychose** denken.

Wie der Name schon ausdrückt, handelt es sich um eine Mischpsychose.

Aus dem Bereich der affektiven Psychosen finden sich melancholische oder manische Symptome, aus dem Bereich der schizophrenen Psychosen Halluzinationen, Wahngedanken, katatone Störungen, Denkzerfahrenheit und andere Grundsymptome.

In obigem Beispiel treten neben der depressiven Symptomatik wahnhafte Überzeugungen und akustische Sinnestäuschungen auf.

? *Frage: Wie verlaufen diese schizoaffektiven Psychosen?*

✔ **Antwort:** Auch im Verlauf spiegelt sich die Zwischenstellung der schizoaffektiven Psychosen wider.

Im allgemeinen ist der Verlauf **phasisch** und ähnelt so dem Verlauf affektiver Psychosen. Chronisch-progrediente Verläufe sind selten.

Die Phasen sind meist kurzdauerend, das Wiederholungsrisiko ist aber größer als bei den affektiven Psychosen.

In der Regel verlaufen schizoaffektive Psychosen gutartig. Residualzustände sind aber hier insgesamt häufiger als bei den affektiven Psychosen.

? *Frage: Nach welchen Gesichtspunkten orientiert sich die Therapie schizoaffektiver Psychosen?*

✔ **Antwort:** Der Weg des therapeutischen Vorgehens richtet sich nach der **vorherrschenden Symptomatik.**

- Überwiegen schizophrene oder manische Symptome, wird mit **Neuroleptika** behandelt.
- Überwiegen melancholische Symptome, ist die Therapie **thymoleptisch** orientiert.
- Ändert sich im Verlauf die Symptomatik, so ist die Therapie entsprechend umzustellen.
- **Lithiumsalze** haben auch bei schizoaffektiven Psychosen eine phasenprophylaktische Wirkung, wenn sie auch geringer ist als bei den rein affektpsychotischen Erkrankungen.

2. Wahn und Sinnestäuschungen

Fallgeschichte

Ein 28jähriger Patient wird von der unfallchirurgischen Abteilung in die psychiatrische verlegt.

Zu seiner Aufnahme in die Chirurgie hat eine Unterschenkel-Fraktur geführt, die sich der Patient bei einem Unfall zugezogen hat. Augenzeugenberichten zufolge ist er, ohne auf den Verkehr zu achten, in ein heranfahrendes Auto hineingelaufen.

Zur Verlegung auf die psychiatrische Station haben Äußerungen des jungen Mannes geführt, in denen er behauptete, Gottes Sohn zu sein, der Erlöser der Welt.

Eigenanamnese

Bei der psychiatrischen Untersuchung ist der Patient räumlich und zeitlich orientiert. Er gibt seinen Namen mit „Jesus" an. Auf Nachfragen hin sagt er, daß er vorher anders geheißen habe, diesen Namen habe er aber vor drei Jahren abgelegt.

Schon seit seiner Jugend habe er geahnt, daß er etwas Besonderes sei. Er führt an, daß sein Onkel auf einer Familienfeier – er sei damals 14 Jahre alt gewesen – behauptet habe, daß aus ihm nochmal „was ganz Großes würde". Aber erst seit drei Jahren sei er sich seiner Sache sicher. Damals habe er Einstichstellen an Handinnenflächen, Füßen und in der Herzgegend festgestellt. Da war ihm klar, daß Gott ihn zu seinem irdischen Sohn auserkoren habe, um die Welt positiv zu verändern, eine Revolution des Guten zu bewirken. „Sie" hätten ihm Metallplatten in den Körper eingepflanzt, damit er die göttliche Strahlung empfangen könne. In der chirurgischen Abteilung hätten sie ihm vor einigen Tagen Röntgenaufnahmen gezeigt, auf denen die Metallplatten deutlich zu erkennen waren. Das sei für ihn nochmals ein Beweis gewesen. Die Platten täten ihm zwar zeitweise weh, den Schmerz würde er aber gerne auf sich nehmen, wenn er dadurch die Welt retten könne. Auf die Frage der Untersucherin, ob der Schmerz durch die göttliche Strahlung hervorgerufen sei, verneint dies der Patient. Nein, die Strahlung habe er noch nie gespürt, auch stünde er in sonst keiner kommunikativen Verbindung mit „seinem Vater". Er wisse eben, daß er Jesus sei.

Seine normalen Beziehungen zu Eltern und Freunden habe er fast vollständig aufgegeben. Er wohne jetzt allein in einer kleinen Wohnung. Auch seiner Arbeit als Schreiner ginge er nicht mehr nach, da er ja jetzt Größeres zu leisten habe. Auf die Frage hin, was er denn im Moment tue, um den göttlichen Willen zu erfüllen, weicht der Patient aus. Er sagt, er würde sich auf den Zeitpunkt der Erlösung vorbereiten.

? *Frage: Mit welchem Begriff aus der Psychopathologie läßt sich die oben beschriebene Symptomatik fassen?*

✔ **Antwort:** Es handelt sich hier um ein **wahnhaftes Erleben**.

Der Patient wähnt Gottes Sohn zu sein (relgiöser Wahninhalt), der zu Außergewöhnlichem berufen ist (verbunden mit Größenwahn).

? *Frage: Welche diagnostischen Kriterien liegen dem Wahn zugrunde?*

✔ **Antwort:** Kriterien des Wahns sind

- Wahn ist „**Privatwirklichkeit**" (Scharfetter). Die Kranke ist im Wahn auf sich bezogen (subjekt-zentriert). Sie hat eine nur für sie geltende, starre, nicht korrigierbare Überzeugung von ihrer eigenen Person und ihrer Umwelt.
- Wahn ist **Wissen**, nicht Glauben. „Die Wahnkranke ist sich ihrer Sache sicher" (subjektive Gewißheit), auch wenn frühere Erfahrungen und objektivierbare Beweise dagegenstehen.
- Sie ist somit nicht in der Lage, ihre Überzeugungen zu verändern. Das würde beinhalten, sie distanziert zu betrachten und in Beziehung zur Realität zu setzen. Man spricht von der **Unkorrigierbarkeit** der Überzeugung. Sie besteht vor allem auf dem Höhepunkt der Krankheit, kann in beginnenden oder abklingenden Phasen zum Teil oder ganz korrigiert werden.
- Die Wahnkranke ist durch ihr vom Gesunden **nicht nachvollziehbares Erleben** der Realität entrückt. Realität ist als Möglichkeit zu verstehen, sich mit anderen über gemeinsam Erlebtes zu verständigen. Diese Möglichkeit hat die Wahnkranke nicht. Sie steht mit ihrem Erleben allein und ist von ihren Mitmenschen isoliert.
- Die **Nichtverstehbarkeit** des Wahns galt lange Zeit als ein Hauptkriterium. Tiefenpsychologisch läßt sich allerdings zeigen, daß viele Wahninhalte aus Lebenssituation und -geschichte der Kranken ableitbar und verstehbar sind.

Bem.: Man darf sich den Wahn nicht als völligen Verlust der Realitätsbeziehungen vorstellen. Wahn kann neben voller Realitätsauffassung im Sinne einer „doppelter Buchführung" (E. Bleuler) bestehen. Wer dies literarisch vertiefen möchte, dem sei das Buch „Ich habe Dir nie einen Rosengarten versprochen" (H. Green) ans Herz gelegt.

? *Frage: Es ist selten, daß eine wahnhafte Überzeugung plötzlich auftritt (**Wahneinfall**), viel eher entwickelt sie sich allmählich.*
— Können Sie uns die Stadien der Wahnentwicklung beschreiben?

✔ **Antwort:** Am Anfang der Wahnentwicklung steht die **Wahnspannung** (Wahnstimmung).

Sie geht einher mit der unbestimmten und unheimlichen Stimmung des „es ist etwas im Gange", ohne daß dafür konkrete Angaben gemacht werden könnten. Zusätzlich besteht das Gefühl der Bedrohung, des Mißtrauens und der angstvollen Erwartung. Die eigene Person und/oder die Umwelt scheinen verändert und fremd.

Sehr viel seltener ist ein Gefühl der Gehobenheit und des Glücks.

Im weiteren Verlauf entsteht die **Wahngewißheit**.

Die Kranke ist nun in nicht veränderbarer Weise von ihrem Wahn überzeugt. Ihr Erleben wird vom Wahn bestimmt.

Sie grübelt über ihren Wahn nach (*Wahngedanken*), Beobachtungen werden im Sinne des Wahns gedeutet (*Wahnwahrnehmungen*), Erinnerungen werden nachträglich wahnhaft umgedeutet (*Wahnerinnerungen*).

Durch Verknüpfungen einzelner Wahnerlebnisse in der sogenannten Wahnarbeit entsteht ein **Wahnsystem**. Dieses kann in sich durchaus logisch und geordnet sein.

? *Frage: Wie bezeichnet man das Phänomen, daß der Patient die zur Osteosynthese eingesetzten Metallplatten als „Beweis" für die Richtigkeit seiner Überzeugung ansieht?*

✔ **Antwort**: Man spricht von einer *Wahnwahrnehmung* (K. Schneider).

Dabei erhält eine reale Wahrnehmung (hier: die Plattenosteosynthese auf der Röntgenaufnahme) eine abnorme, objektiv ihr nicht zukommende Bedeutung (hier: der Patient hält sie als von Gott eingesetzt).

Erklärbar sind die Fehlinterpretationen aus dem wahnhaften Erleben des Kranken. Der Blickwinkel ist röhrenförmig auf die Bedeutung für das Ich eingeengt.

? *Frage: Der junge Mann sagt, daß die Metallplatten, die sich in seinem Körper befinden, ihm ab und zu Schmerzen verursachen.*
— Um welche Form der Wahrnehmungsstörung handelt es sich hier?

✔ **Antwort**: Hier ist nicht klar zu beurteilen, ob es sich um Halluzinationen oder Wahnwahrnehmungen handelt.

✔ Als **Halluzinationen** werden Wahrnehmungen ohne reales Objekt bezeichnet. Sie können auf allen Gebieten der Sinneseindrücke vorkommen und werden in

- akustische
- optische
- taktile
- vestibuläre
- koenästhetische(Körper)
- Geschmacks- und
- Geruchshalluzinationen unterschieden.

Die Schmerzen des Patienten können Körperhalluzinationen sein.

Das sind Mißempfindungen ohne organisches Korrelat, die auf den Körper bezogen werden. Bei schizophrenen Kranken gehen die Halluzinationen oft mit dem Gefühl des von außen Gemachten einher. Darauf zielt auch die Frage der Untersucherin, ob der Schmerz durch die Strahlung verursacht sei.

In oben beschriebenem Fall kann es sich auch um eine **Wahnwahrnehmung** handeln. Dabei wird einem realen Objekt (hier: wirklich vorhandenem Schmerz) durch das Wahnerleben eine abnorme Bedeutung beigelegt (hier: der Patient wähnt, die Metallplatten würden die Schmerzen verursachen).

? *Frage: Ein Schüler, der im Spätprogramm einen Horrorfilm im Kino gesehen hat, legt sich zuhause sofort in sein Bett und versucht einzuschlafen.*
In einem vor dem Bett stehenden Stuhl mit darübergeworfenen Kleidern sieht der Jugendliche einen Gnom mit einem teuflischen Grinsen auf dem Gesicht, der gerade zum Sprung auf ihn ansetzt. Psychi-

sche Auffälligkeiten sind bei dem Jungen bisher nicht bekannt geworden.
— Um welche Form der Sinnestäuschung handelt es sich hier?

✔ **Antwort**: Es handelt sich hier um eine **Illusion** (illusionäre Verkennung).

Bei der Illusion wird durch eine Fehldeutung ein reales Objekt für etwas anderes gehalten als es tatsächlich ist.

Begünstigend für das Auftreten von Illusionen wirken objektive Faktoren wie Unschärfe des Wahrnehmungsfeldes (zum Beispiel bei Dämmerung) oder mangelnde Kontrastierung des Objektes und subjektive Faktoren wie Übermüdung, Erwartungsspannung aufgrund starker Affekte oder Unaufmerksamkeit.

? *Frage: Inwiefern unterscheiden sich Illusionen von Wahnwahrnehmungen?*

✔ **Antwort**: Bei Illusionen handelt sich um ein durchaus normales Phänomen, das bei gesunden Menschen vorkommt. Kennzeichnend ist die sofortige Korrektur der Verkennung, wenn die äußeren Umstände dies ermöglichen. Im oben angeführten Beispiel hieße das, wenn der Junge das Licht anmacht, würde er sofort seinen Irrtum bemerken.

Würde die Korrektur trotz äußerer Voraussetzungen unterbleiben, wäre dies als pathologische Illusion zu werten.

? *Frage: Ein 80jähriger schwerhöriger Witwer lebt allein in seiner Wohnung. Bis vor kurzem kam dreimal in der Woche ein junger Mann zu ihm, der sich um den Haushalt kümmerte. Der Witwer erzählt, daß er schon seit längerem das Gefühl habe, daß der junge Mann Geld aus der Haushaltkasse stiehlt. Auch habe er beobachtet, wie er ein weißes Pulver in sein Essen getan hat. Da er Angst habe vergiftet zu werden, habe er den jungen Mann vor einer Woche entlassen.*
— Um welche Wahnthematik handelt es sich hier?

✔ **Antwort**: Man spricht von einem Beziehungs- und Beeinträchtigungswahn.

Im **Beziehungswahn** ist der Kranke davon überzeugt, daß das, was um ihn herum vorgeht, sich auf seine Person bezieht und eine spezielle Bedeutung für ihn hat. Sie ist das am häufigsten auftretende Wahnthema.

Im **Beeinträchtigungswahn** kommt zu dem Gefühl des „alles ist auf mich bezogen" eine qualitative Wertung: „es ist gegen mich gerichtet".

Bem.: Auch bei Gesunden gibt es ein ähnliches Gefühl. Nämlich dann, wenn die Umgebung durch ein schlechtes Gewissen einen bedrohlichen Charakter erhält. Harmlose Gesten und Gespräche werden zu Anklagen, verbunden mit „alle wissen es".

? *Frage: Welche äußeren Faktoren sind für die Wahnentwicklung des Mannes entscheidend?*

✔ **Antwort**: Disponierend für die Wahnentwicklung wirkt die Schwerhöhrigkeit des Mannes.

Aber auch das Alter mit der Abnahme sozialer Kontakte und der physischen Kräfte führt zur Isolation. Mißtrauen und Angst können dadurch verstärkt werden und schließlich zur Wahngewißheit werden.

Bem.: Bei der Bewertung von Wahninhalten ist allerdings Vorsicht geboten. Jede noch so verschroben wirkende Idee kann der Realität entsprechen, genauso können alltägliche, harmlos wirkende Inhalte einem wahnhaften Erleben entspringen. Beispiele für PatientInnen, die aufgrund absonderlich wirkender Äußerungen fälschlicherweise "interniert" wurden, gibt es in der Literatur reichlich.

? *Frage: Die Wahninhalte sind vielfältig. Welches sind die vorherrschenden Wahnthemen?*

✔ **Antwort**: Die am häufigsten vorkommenden Wahnthemen sind:

- Der Beziehungswahn, in dem die Kranke meint, alles beziehe sich auf sie.
- Der Beeinträchtigungswahn, in dem die Kranke alles, was geschieht, als gegen sich gerichtet empfindet.
- Im Verfolgungswahn wird die Beeinträchtigung durch die Umwelt im Sinne einer Bedrohung noch stärker empfunden.
- Im Liebeswahn ist die Kranke von der Liebe eines anderen Menschen zu ihr felsenfest überzeugt.
- Im Eifersuchtswahn ist die Kranke von der Untreue des Partners in nicht korrigierbarer Weise überzeugt.
- Im Größenwahn überschätzt die Kranke die Bedeutung ihrer Stellung und Fähigkeiten.

? *Frage: Spielt die Stimmung der Betroffenen für die Wahnthematik eine Rolle?*

✔ **Antwort**: Die Wahninhalte können durch die Stimmung mitbestimmt werden. Man unterscheidet hier zwei Formen:

- **Synthymer Wahn.**
  Die vorherrschende Stimmung stimmt mit dem Inhalt der Wahnthemen überein. Dies ist meist bei affektiven Psychosen der Fall.
- **Parathymer Wahn.**
  Stimmung und Inhalt sind nicht einheitlich.

? *Frage: Welche äußeren Situationen können auf die Wahnentwicklung begünstigend wirken?*

✔ **Antwort**: Eine Reihe von Lebensbedingungen kann Wahnentstehungen begünstigen.

Dazu gehören soziale Isolation wie sie bei Ausländern und alten Menschen vorkommen kann, persönliche Freiheitseinschränkung, Minderwertigkeitsgefühle, aber auch eine unbefriedigend erlebte Realität.

? *Frage: Wie läßt sich das Wahnerleben schizophren Erkrankter erklären?*

✔ **Antwort**: Der Wahn bei schizophren Erkrankten läßt sich aus ihrem veränderten Ich-Erleben herleiten.

Eine Kranke, die Gefühl, Wahrnehmung, Denken und Handeln nicht mehr als einheitlich und zu sich gehörig empfindet, ist sich selbst fremd.

Aufgrund des gestörten Selbsterlebens werden Empfindungen und Wahrnehmungen oft als von anderen gemacht und beeinflußt empfunden.

Es können unter anderem Beeinträchtigungs-, Verfolgungs-, Untergangs- und nihilistischer Wahn resultieren.

? *Frage: Wenn man an einem schönen Sommertag in den Wolken am Himmel zwei Menschen sieht, die sich an den Händen halten oder im Wind, der durch ein altes Gemäuer zieht, die Worte „Habe dich, habe dich" heraushört, welche Form der Wahrnehmungsstörung liegt dann vor?*

✔ **Antwort**: Hier handelt es sich um **Pareidolien.**

✔ Es sind Sinnestäuschungen, bei denen unbestimmten Formen durch die Phantasie etwas hinzugefügt wird. Es handelt sich also um Projektionen der eigenen Innenwelt auf die Außenwelt.

Pareidolien kommen vor allem bei gesunden Menschen vor. Es besteht kein Irrtum über die Realität.

In der Testpsychologie macht man sich dieses Phänomen beim Rorschach-Test zunutze.

3. Schizophrene Psychosen

3.1 Vorkommen und Genese

? ***Frage:*** *Wie häufig sind schizophrene Erkrankungen in der Bevölkerung?*

✔ **Antwort:** Die Erkrankungswahrscheinlichkeit für schizophrene Erkrankungen liegt in der Bevölkerung bei ungefähr 1%. Männer und Frauen sind gleich häufig betroffen.

? ***Frage:*** *In welchem Alter beginnt die Mehrzahl der Schizophrenien?*

✔ **Antwort:** Der Großteil der Schizophrenien (60%) beginnt zwischen der Pubertät und dem 30. Lebensjahr.

Schizophrenien beginnen sehr selten im Kindesalter und dann nicht vor dem 8.-9. Lebensjahr.

Ungefähr 25% beginnen nach dem 40. Lebensjahr. Man spricht dann von sogenannten Spätschizophrenien

? ***Frage:*** *Spielen genetische Faktoren bei der Auslösung schizophrener Erkrankungen eine Rolle?*

✔ **Antwort:** Man kennt eine Reihe von Entstehungsbedingungen, die für sich allein nicht ausreichen, die Genese der Schizophrenie zu begründen.

Die Untersuchungen über den Einfluß genetischer Faktoren auf die Entstehung schizophrener Psychosen haben einen Zusammenhang zwischen Erbanlage und schizophrenen Psychosen erbracht.

Bei Familienuntersuchungen wurde festgestellt, daß, wenn beide Elternteile schizophren erkrankt sind, 50% der Kinder ebenfalls schizophren werden.

Auch Konkordanzuntersuchungen bei ein- und zweieiigen Zwillingen erbrachten signifikante Übereinstimmungen. So liegt die Konkordanzrate bei eineiigen Zwillingen zwischen 25-60%, während sie bei zweieiigen nur zwischen 5-15% liegt.

? ***Frage:*** *Welche Auffassung wird heute in der Frage der Ätiologie schizophrener Psychosen vertreten?*

✔ **Antwort:** Schizophrenien entstehen nach heutiger Auffassung durch ein Zusammenwirken von somatischen und psychologischen Faktoren.

Der Einfluß **psychosozialer Faktoren** ist für die Entstehung der schizophrenen Erkrankungen nicht sicher nachgewiesen. Frühere Untersuchungen, die gezeigt haben, daß Schizophrenien häufiger in den Industrievierteln großer Städte und in den niedrigen sozialen Schichten vorkommen, wurden nicht bestätigt.

Jedoch ist unbestritten, daß Faktoren wie Rassen- oder Geschlechtszugehörigkeit und die Einbindung des Menschen in unterschiedliche Kulturkreise die Symptomatik und den Verlauf der Erkrankung mitbestimmen.

Die (Wieder)auslösung einer schizophrenen Erkrankung auf **psychoreaktive** Faktoren zurückzuführen, ist schwierig.

Dennoch wurde festgestellt, daß in ungefähr der Hälfte der Fälle der Erkrankung ein psychisch belastendes Ereignis vorausging. Meist handelt es sich dabei um Konflikte des mitmenschlichen Bereiches wie Mangel an festen Beziehungen oder Verlust einer nahestehenden Person. Aber auch eine enge persönliche Bindung kann eine schizophrene Erkrankung auslösen.

Bei später schizophren Erkrankten lassen sich überdurchschnittlich häufig in der Kindheit und Adoleszenz schwere familiäre Störungen (z.B. Vernachlässigung und Ablehnung des Kindes, gestörte Beziehung der Eltern oder süchtiges Verhalten) nachweisen.

3.2 Symptomatik

? *Frage: Wer prägte den Begriff „Schizophrenie" und was wird mit diesem Wort ausgesagt?*

✔ **Antwort:** *Eugen Bleuler* ersetzte 1911 den von *Kraepelin* eingeführten Begriff der „Dementia praecox" durch den Begriff „Schizophrenie", da sich herausstellte, daß nicht alle Verläufe dieser Erkrankung in einer Demenz endeten.

Schizophrenie bedeutet Spaltungsirresein und beschreibt damit schon die wesentliche Störung dieser Krankheit:

die mangelnde Einheit und Zerrissenheit des Denkens, Fühlens und des subjektiven Erlebens. Damit verbunden sind Veränderungen des Willens und Handelns.

? *Frage: E. Bleuler unterschied diagnostisch ausschlaggebende Symptome, die sogenannten Grundsymptome, von den nicht obligatorisch auftretenden akzessorischen Symptomen.*
— Welche Störungen werden zu den Grundsymptomen gerechnet, welche sind akzessorische Symptome?

✔ **Antwort:** Zu den **Grundsymptomen** rechnet man Störungen des Denkens, der Affektivität und des Antriebs. Besonders hervorzuheben sind hier die **Denkzerfahrenheit**, die **Ambivalenz** und der **Autismus.**

Akzessorische Symptome können zum Teil langdauernd, zum Teil nur kurzfristig zu den Grundsymptomen hinzutreten. Man rechnet dazu **Sinnestäuschungen, Wahn und katatone Störungen.**

? *Frage: Welche Inhalte wahnhaften Erlebens sind bei Schizophrenien häufig anzutreffen?*

✔ **Antwort**: Am Anfang der schizophrenen Erkrankung findet man fast immer eine allgemeine **Wahnstimmung**.

Sie ist Ausdruck der erlebten Veränderung. Die Kranken sind sich ihrer selbst nicht mehr sicher, es geschieht Unverständliches, Unheimliches und Unvertrautes mit ihnen und mit der Welt.

Der Wahn stellt für die Kranken eine Möglichkeit dar, die einbrechenden Veränderungen vor sich selbst zu erklären und ihnen somit ihre Bedrohlichkeit zu nehmen.

Bei Schizophrenen häufig auftretende **Wahnthemen** sind der Beziehungs- und Verfolgungswahn.

- Im **Beziehungswahn** erhalten alltägliche Beobachtungen und Ereignisse eine für die Kranken wichtige Bedeutung. Der Blick einer Gemüseverkäuferin, ein auf der Straße liegender Regenschirm, das Auftauchen der Sonne hinter dunklen Wolken, alles ist bedeutsam und steht in einer besonderen Beziehung zu ihnen.
- Im **Verfolgungswahn** wird diese besondere Beziehung konkretisiert im Sinne einer Bedrohung und Verfolgung. Ereignisse und Beobachtungen beziehen sich nicht mehr nur auf die Kranken, sie beziehen sich **gegen** sie. Die Gemüseverkäuferin hat den „bösen Blick“, der Regenschirm symbolisiert einbrechende Katastrophen, das Auftauchen der Sonne hinter den dunklen Wolken steht für die Drohung Gottes.

? *Frage: Inwiefern ist die Feststellung wahnhaften Erlebens für die Diagnose „Schizophrenie“ von Bedeutung?*

✔ **Antwort**: E. Bleuler unterschied die Symptomatik der Schizophrenie in Grundsymptome und akzessorische Symtpome.

Zu den akzessorischen Symptomen gehören neben dem Wahn Halluzinationen und katatone Störungen. Sie können, wenn sie alleine auftreten, die Diagnose „Schizophrenie“ **nicht** begründen.

Zusammenfassend kann gesagt werden, daß eine Wahnsymptomatik, wenn sie neben anderen charakterischen schizophrenen Störungen auftritt, ein ergänzendes diagnostisches Kriterium sein kann.

? *Frage: Ein schizophren Erkrankter berichtet Ihnen darüber, daß seine Familie ein einziger Morast sei, in den er immer tiefer hineingeraten sei. Seine Geschwister hätten seit Jahren versucht, ihn in ihre dunklen Geschäfte hineinzuziehen, was ihnen auch gelungen sei.*
Gott bestrafe ihn nun für seine Verwerflichkeit, indem er ihn von innen verfaulen lasse. Er könne das bohrende Gefühl in seinen Innereien und den stinkenden Geruch kaum noch ertragen.
— Welche Symptomatik bietet dieser Patient?

✔ **Antwort**: Der Patient bietet das Bild eines **paranoid-halluzinatorischen Syndroms**.

Er wird von der Wahnvorstellung gequält, daß er sündig geworden sei und nun dafür zu büßen habe. Die strafende Instanz (Gott) kommt dabei von außen.

Die beschriebenen Halluzinationen stehen im Zusammenhang mit den wahnhaften Erleben. Hinsichtlich des Sinnesgebietes handelt es sich um Leibhalluzinationen (das bohrende Gefühl im Körper) und Geruchshalluzinationen.

Leibhalluzinationen (*zönästhetische Halluzinationen*) treten bei schizophrenen PatientInnen häufig und in den unterschiedlichsten Formen auf. So können sich die Kranken zum Beispiel bestrahlt, magnetisiert, elektrisiert, hypnosiert oder sexuell mißbraucht fühlen.

? *Frage: Welche Halluzinationen kommen bei Schizophrenien am häufigsten vor?*

✔ **Antwort**: Am häufigsten sind akustische Halluzinationen.

Der Form nach unterscheidet man zwischen gestalteten Wahrnehmungen wie Sätzen, Worten oder Stimmen (*Phoneme*) und ungestalteten wie Geräuschen oder Lärm (*Akoasmen*).

Die Wahrnehmungsquelle kann im Außenraum lokalisiert sein oder im eigenen Körper liegen.

Bei schizophrenen PatientInnen ist das Hören von Stimmen besonders häufig. Oft können die Stimmen Personen, die den Kranken aus der Vergangenheit oder der Gegenwart bekannt sind, zugeordnet werden.

? *Frage: In welchen charakteristischen Formen tritt das Stimmenhören bei Schizophrenen häufig auf?*

✔ **Antwort**: Die für Schizophrene charakteristischen Formen des Stimmenhörens sind das Hören von Stimmen in Form von Rede und Gegenrede (*dialogische Stimmen*) und solche, die das Handeln und Denken der Kranken mit Bemerkungen begleiten (*kommentierende Stimmen*).

Manchmal sind es die eigenen Gedanken, die von den Kranken gehört werden (*Gedankenlautwerden*), manchmal wird das Stimmenhören auch als *Gedankeneingebung* empfunden. Dabei haben die Halluzinierenden das Gefühl, die Gedanken werden ihnen gegen ihren Willen von anderen aufgedrängt und gelenkt (Ich-Störung).

? *Frage: Sie haben beschrieben, daß halluzinatorisches Erleben bei Schizophrenen auf den verschiedenen Sinnesgebieten und in vielfältigen Formen auftreten kann.*
— Was ist das Charakteristische am halluzinatorischen Erleben schizophren Erkrankter?

✔ **Antwort**: Ein wesentlicher Aspekt ist, daß die Sinnestäuschungen von schizophrenen PatientInnen als **von außen gemacht** erlebt werden. Sie tragen den Charakter des Zugefügten und des Ausgeliefertseins.

Somit spiegelt auch das halluzinatorische Erleben die mangelnden Einheit schizophren Erkrankter, ihre innere Zerrissenheit und die Schwierigkeit, zwischen Ich und Nicht-Ich zu unterscheiden, wider.

? *Frage: Wie äußert sich die Denkstörung schizophrener PatientInnen?*

✔ **Antwort**: Das Denken und Sprechen der Kranken ist **zerfahren**. Das Denken wirkt auf die UntersucherIn unlogisch und zusammenhangslos. Es kann soweit zerrissen sein, daß die Gedanken nur noch bruchstückhaft aneinandergefügt werden (Wortsalat).

Der grammatische Satzaufbau kann zum Teil intakt bleiben, zum Teil findet sich aber auch eine Zerstörung der Satzstrukturen (*Paragrammatismus, Parasynthax*). Im ausgeprägtesten Falle werden nur noch Silben oder Worte unzusammenhängend aneinandergereiht. Man spricht dann von *Schizophasie*.

? *Frage: Welcher Unterschied besteht zwischen der Denkverworrenheit der Schizophrenen und der Denkverwirrtheit organisch Erkrankter?*

✔ **Antwort**: Man bezeichnet die Denkzerfahrenheit bei Schizophrenie auch als *Verworrenheit*. Dadurch erfährt sie eine sprachliche Abgrenzung zum inkohärenten Denken bei *Verwirrtheit* (amentielles Syndrom).

Der entscheidende Unterschied besteht in der Bewußtseinslage. Während die Schizophrenen bewußtseinsklar sind, bestehen bei den organischen Psychosen vom amentiellen Typ eine Bewußtseinstrübung und Gedächtnisstörungen.

? *Frage: Im Gespräch mit einer schizophrenen Patientin stockt diese einige Male, ohne daß für Sie als Untersucherin eine Ursache dafür erkennbar wäre.*

? *— Welchen Begriff aus der Psychopathologie kennen Sie für diese Störung?*

✔ **Antwort**: Man spricht bei der oben beschriebenen Störung des Denkablaufes von einer **Gedankensperrung**.

Die Patientin verliert ohne einen erkennbaren Grund während des Gespräches plötzlich den „roten Faden“ und schweigt. Das Gespräch kann dann eventuell mit einem anderen Thema neu aufgenommen werden.

Das Gedankenabreißen ist eine von den Kranken selbst quälend empfundene und ohne eine für sie erkennbare Ursache auftretende plötzliche Unterbrechung ihres Gedankenganges.

Für die UntersucherIn äußert sich das Gedankenabreißen wie die Gedankensperrung in einem plötzlichen Abbrechen des Gesprächsflusses.

? *Frage: Sie haben die Denkzerfahrenheit und die Gedankensperrung als typische Denkstörungen schizophrener PatientInnen genannt.*
— Welche andere charakteristischen Merkmale weist das Denken Schizophrener noch auf?

✔ **Antwort**: Im Zusammenhang mit der Schwierigkeit, zwischen der „Außenwelt“ und der „Innenwelt“ zu unterscheiden (*Ich-Demarkation*), sind die folgenden Denkstörungen schizophren Erkrankter zu sehen.

- Bei der *Gedankenausbreitung* haben die Kranken das Gefühl, andere könnten ihre Gedanken lesen.

- Beim *Gedankenentzug* haben die Kranken das Gefühl, andere würden ihnen ihre Gedanken entwenden, sie gegen ihren Willen abziehen.

? *Frage: Die Sprache schizophren Erkrankter wirkt auf die UntersucherIn oft unverständlich.*
— Welche formalen Denkstörungen tragen dazu bei?

✔ **Antwort**: Zu den formalen Denkstörungen, die zu der Unverständlichkeit der Sprache schizophren Erkrankter beitragen, zählt der *Begriffszerfall.* Die Begriffe werden nicht mehr scharf gegeneinander abgegrenzt, die Grenzen ihrer Bedeutung verschwimmen.

Durch den Verlust der allgemein gültigen Wortinhalte können durch Verknüpfungen unterschiedlicher Begriffe Wortneuschöpfungen (*Kontaminationen*) entstehen (z.B. Eiskönigschießen, Blauengel). Ihre Sinngehalt ist im Gesprächszusammenhang zum Teil nachvollziehbar, zum Teil erscheint er unsinnig.

In der *Privatsymbolik* Schizophrener bekommen Begriffe eine nur für die einzelne Person gültige Bedeutung. So kann zum Beispiel das Wort „Fuchs“ für Wald, Höhle oder rot stehen.

? *Frage: Ein Patient sagt: „Das ist sozusagen die Kernfrage, ob ich bin und ob ich einheitlich bin. Lebe ich noch?“*
— Welche Störung drückt sich in diesen Sätzen des Patienten aus?

✔ **Antwort**: In den Sätzen zeigt sich eine tiefgreifende *Störung des Ich-Bewußtseins*. Man faßt solche Entfremdungserlebnisse mit dem Begriff **Depersonalisation.**

Im Gegensatz zum schizophrenen Patienten empfindet sich der gesunde Mensch als einheitlich handelndes, denkendes und fühlendes Wesen. Entfremdungserlebnisse sind aber auch Gesunden nicht fremd. In der Pubertät fragt sich die Heranwachsende „wer bin ich eigentlich?“. Auch bei Erschöpfung und Isolation können Entfremdungserlebnisse vorkommen.

Ein Mensch, der sich selbst unvertraut ist, bewegt sich auch nicht „selbstbewußt“ in der Welt. Die Dinge und Menschen, die ihn umgeben, erscheinen ihm verändert und fremd (**Derealisation**).

Depersonalisation und Derealisation hängen eng miteinander zusammen.

Depersonalisation kommt bei Gesunden, Neurotikern, endogen Depressiven, toxischen Psychosen (z.B. unter Halluzinogeneinfluß) und in ihrer oft schwersten Form bei Schizophrenen vor.

? *Frage: Wie erleben die Schizophrenen diese Entfremdungserlebnisse?*

✔ **Antwort**: Bei der Schizophrenie werden solche ich-fremden Erlebnisse oft mit Beeinflussungen von außen erklärt. Beispiele dafür sind *„man läßt mich vertrocknen“* oder *„ich kann mich nicht mehr bewegen, weil ich hypnotisiert werde“*.

? **Frage:** *Ein Patient, der unter der Diagnose „schizophrene Psychose" aufgenommen wurde, zeigt in der Klinik eine ausgeprägte depressive Symptomatik.*
— Spricht das klinische Bild gegen die Diagnose „Schizophrenie"?

✔ **Antwort:** Das Auftreten einer zum Teil langanhaltenden depressiven oder manischen Stimmungslage bei schizophrenen PatientInnen spricht nicht gegen die Diagnose „schizophrene Psychose". Meist ist die Abgrenzung zu affektiven Psychosen anhand der schizophrenen Symptomatik und des Verlaufes unproblematisch.

Grenzfälle mit wechselnder oder gleichzeitiger schizophrener und affektpsychotischer Symptomatik, die auch im Verlauf nicht eindeutig dem einen oder dem anderen Psychosekreis zugeordnet werden können, werden unter dem Begriff der „schizoaffektiven Psychosen" nosologisch erfaßt.

? **Frage:** *Wie kann die Affektivität Schizophrener verändert sein?*

✔ **Antwort:** Die Affektivität kann in vielfältiger Hinsicht gestört sein.

Es können depressive oder manische Stimmungslagen auftreten. Die PatientInnen können überwiegend reizbar und mürrisch sein. Hinter einer scheinbar sinnlosen Aggressivität stehen meist Angst und wahnhaftes Erleben.

Angst ist ein fast nie fehlender Bestandteil schizophrener Emotionalität. Die Ursache der Angst liegt in dem durch die Psychose veränderten Erleben.

Vor allem in den späten Stadien der Erkrankung wirken die Kranken oft gleichgültig, unzugänglich und affektiv starr, die affektive Modulationsfähigkeit scheint verloren zu sein (*Athymie*). Bei gutem Kontakt zu den PatientInnen kann man hinter der scheinbaren Leblosigkeit Zeichen einer oft sogar empfindlichen Affektivität entdecken.

? **Frage:** *Ein Patient erzählt, daß er ständig von dunklen, bösen Mächten bestrahlt würde. Er empfände schreckliche Schmerzen dabei. Es wäre, als ob sie ihm das Leben aus dem Körper saugen wollten. Gleichzeitig lacht der Patient.*
— Welcher Begriff aus der Psychopathologie beschreibt diese Affektstörung und wie ist er charakterisiert?

✔ **Antwort:** Man bezeichnet die geschilderte Affektstörung als inadäquate Affektivität (**Parathymie**).

Die Affekte der Kranken stimmen in Intensität und Tönung nicht mit der aktuellen Situation überein. Der mimische, gestische oder sprachliche Ausdruck steht im Widerspruch zu dem, was der Patient berichtet. Zum Beispiel werden traurige Erlebnisse lachend erzählt oder freudige in nörgelndem, mürrischen Ton vorgebracht.

? **Frage:** *Ein Kranker, der zuerst etwas trinken möchte und dann doch nicht, führt sein Glas bis auf halben Weg zum Mund und verharrt dann in dieser Stellung.*
— Welche Störung der Affektivität wird hier beschrieben?

✔ **Antwort:** Bei der **Ambitendenz** stehen zwei gegensätzliche Handlungsstrebungen (hier: trinken und doch nicht trinken), bei der **Ambivalenz** zwei gegensätzliche Gefühlsregungen (z.B. Liebe und Haß) zusammenhanglos und unauflösbar nebeneinander.

Beide Strebungen oder Gefühle treten gleichzeitig und mit der gleichen Intensität auf. Die Kranken sind nicht in der Lage, die Gegensätze intellektuell oder emotional aufzulösen (sie lachen und weinen gleichzeitig).

Ambivalenz und Ambitendenz sind Zeichen der tiefen Zerrissenheit und emotionalen Spaltung schizophrener PatientInnen.

Ambivalenz ist nach *E. Bleuler* ein Grundsymptom der Schizophrenie.

? *Frage: Können Ambivalenz und Ambitendenz auch bei Gesunden vorkommen?*

✔ **Antwort**: Ambivalenz und Ambitendenz können bei Gesunden dann auftreten, wenn eine Entscheidung zwischen zwei gleich stark positiv oder negativ empfundenen Möglichkeiten gefunden werden muß.

Gesunde sind aber – im Gegensatz zu Schizophrenen – in der Lage, ambivalente Situationen durch Überlegungen und emotionale Wertung zu überwinden.

? *Frage: Zu den Grundsymptomen nach E. Bleuler zählt der Autismus. Er gehört damit zu den führenden diagnostischen Merkmalen schizophrener Psychosen.*
— Was versteht man unter Autismus?

✔ **Antwort**: *Autismus* bedeutet im nicht psychiatrischen Sprachgebrauch Abwendung von der Umwelt und Hinwendung auf das eigene Ich. Insofern ist das sture Beharren des Gesunden auf seinem „Recht“ auch autistisch.

Der **Autismus** der Schizophrenen bedeutet dagegen mehr. Er drückt einen Verlust des Wirklichkeitsbezuges aus. Dieser Verlust ist zum Teil unvollständig, in anderen Fällen vollständig.

Die Kranken sind der Gemeinsamkeit des mitmenschlichen Lebens entzogen. Man kann sagen, daß die Kranken in einer von ihren Wünschen und wahnhaften Vorstellungen bestimmten Privatwelt leben, in die keiner ihnen folgen kann. (*"Eingesponnensein in die eigene Gedankenwelt", E. Bleuler*).

Privatwelt und Realwelt bestehen meist nebeneinander. In schweren Fällen leben die PatientInnen fast vollständig in ihrer Privatwelt, in anderen können sie den Überstieg von der einen zur anderen Welt bewußt steuern.

Die autistische PatientIn nimmt keinen Anteil an dem Leben um sie herum. Nach außen äußert sich das in Passivität.

? *Frage: Was versteht man unter Antrieb?*

✔ **Antwort**: Antrieb ist die Grundaktivität eines Menschen. Er bestimmt die Vitalität, die Reagibilität und Schnelligkeit affektiver, kognitiver, sensorischer und motorischer Leistungen.

Die Grundaktivität ist für sich alleine nicht auf ein Ziel gerichtet. Das Ziel wird durch Bedürfnisse, Triebe und den Willen bestimmt.

Die Grundaktivität eines Menschen und seine Grundstimmung sind die wesentlichen Komponenten, die das Temperament eines Individuums bestimmen.

? *Frage: Antriebsveränderungen werden vor allem bei der katatonen Form der Schizophrenie deutlich.*
— Welche katatonen Störungen unterscheidet man?

✔ **Antwort**: Katatone Störungen sind Störungen des Antriebs und der Motorik.

Man unterscheidet eine akinetisch-stuporöse Form von einer hyperkinetischen.

- Bei der *akinetisch-stuporösen Form* ist die PatientIn zwar bewußtseinsklar, nimmt aber keinen Anteil an ihrer Umwelt. Sie bewegt sich nicht oder kaum und spricht nicht (Mutismus). Das Darniederliegen von Antrieb und Motorik ist meist Ausdruck des wahnhaften Erlebens, das die Kranken überwältigt und sie „erstarren" läßt.
Davon unterscheidet man eine *hyperkinetische Form* mit psychomotorischer Unruhe und Erregung. Die Kranken sind in ständiger Bewegung und werden zum Teil auch aggressiv. Sie schimpfen, toben, zerschlagen Einrichtungsgegenstände und bedrohen MitpatientInnen und Personal.

Hinter schweren Erregungszuständen (*Raptus*) steht Angst. Sie stellen eine Möglichkeit für die in ihrem Ich-Bewußtsein gestörten Kranken dar, sich selbst zu spüren und sich ihrer Aktivität zu vergewissern.

Es kann zur Ausbildung von *Bewegungs-* oder *Sprachstereotypien* kommen. Ein Beispiel für eine Bewegungsstereotypie ist das rhythmische Vor- und Zurückbeugen des Oberkörpers.

? *Frage: Welche Störung des Antriebs ist bei chronisch schizophrenen PatientInnen häufig anzutreffen?*

✔ **Antwort**: Bei chronischen Verlaufsformen der Schizophrenie findet sich häufig eine Antriebsverminderung.

Die Motorik ist verlangsamt, die Sprache eintönig, es fehlen Spontaneität und Lebendigkeit. Die Willenskraft ist vermindert bis erloschen (*Abulie*).

? *Frage: Sie heben bei einer schizophrene Patientin den rechten Arm hoch und lassen ihn dann los. Die Frau läßt den Arm aber nicht wieder heruntersinken, sondern verweilt mit erhobenem Arm in einer unbequemen Stellung.*
— Welche motorische Störung prüfen Sie hier?

✔ **Antwort**: Man spricht von **Katalepsie**, wenn man die Körperteile der Kranken in willkürliche – auch unbequeme – Stellungen bringen kann.

Passiv vorgegebene Haltungen werden über einen längeren Zeitraum beibehalten, ohne daß eine motorische Ermüdung der PatientInnen sichtbar wird.

Beim passiven Bewegen der Gliedmaßen spürt die UntersucherIn einen zähen Widerstand, als ob die Körperteile aus Wachs wären. Man spricht von der *Flexibilitas cerea*, der wächsernen Biegsamkeit.

Katalepsie kommt meist bei katatonen Schizophrenien vor.

? *Frage: Sie sprechen mit einem schizophrenen Patienten, der Worte, zum Teil auch ganze Sätze, die Sie sagen, mehrfach wiederholt.*
— Wie nennt man dieses Nachsprechen?

✔ **Antwort**: Als **Befehlsautomatie** bezeichnet man das scheinbar kritiklose Ausführen von Aufforderungen. Auch Befehle, die Gesunden völlig sinnlos erscheinen, werden in die Tat umgesetzt.

Als Anregung kann allein schon das Vorbild eines anderen Menschen dienen. Sätze oder Worte eines anderen werden echoartig wiederholt (*Echolalie*) und/oder Bewegungen nachgeahmt (*Echopraxie*).

Im Gegensatz zur Befehlsautomatie steht der **Negativismus**. Man unterscheidet zwischen passivem Negativismus (die Kranken weigern sich, Aufforderungen nachzukommen) und dem aktiven Negativismus (sie tun genau das Gegenteil von dem, was man von ihnen verlangt).

Befehlsautomatie und Negativismus sind nicht zwei sich gegenseitig ausschließende Antriebsstörungen, sondern kommen häufig wechselnd bei einer Patientin vor.

3.3 Klinische Typen schizophrener Psychosen

? *Frage: Eine Frau wird von ihrem Ehemann zur Aufnahme gebracht. Der Mann berichtet, daß seine Frau in den letzten Jahren immer mehr abgebaut habe. Sie sei ohne Elan und Kraft, obwohl sie doch früher eine so lebenslustige Frau gewesen sei. Am Anfang habe er ihren Vitalitätsverlust gar nicht richtig zur Kenntnis genommen. Jetzt aber sei gar nicht zu übersehen, daß irgendetwas da nicht stimme. Sie gehe kaum noch aus dem Haus, sitze stundenlang in einem Sessel und rede richtig „dummes Zeug“ daher.*
Die Frau beteiligt sich während des Gespräches nicht, sie ist scheinbar völlig in sich versunken.
Bei der psychiatrischen Untersuchung redet die Frau unzusammenhängend und unklar von Erlebnissen, die scheinbar im Zusammenhang mit einer Reise standen.

— Welche Unterform schizophrener Psychosen würde zu diesem klinischen Bild passen?

✔ **Antwort**: Nach Ausschluß körperlicher und sozialer Ursachen muß man bei den differential-diagnostischen Überlegungen an eine Schizophrenia simplex denken.

Die **Schizophrenia simplex** ist eine meist unbemerkt beginnende Form der Schizophrenie, deren Betroffene entweder gar nicht oder oft erst nach Jahren in ärztliche Behandlung gelangen. Bei ihnen finden sich keine grob auffälligen psychotischen Zeichen.

Die Symptomatik ist auf die Grundsymptome beschränkt. Es fällt eine leichte Affektarmut und eine Antriebsverminderung auf. Auch Denkstörungen sind bei genauer Untersuchung meist feststellbar. Auffälligstes Zeichen ist der Autismus der Kranken. Sie haben sich aus dem alltäglichen Leben weitgehend zurückgezogen, haben keine beruflichen Ziele mehr und meiden sozialen Kontakt.

Akzessorische Symptome wie Wahnideen und Halluzinationen fehlen meist.

? *Frage: Wie verläuft im allgemeinen die Schizophrenia simplex?*

✔ **Antwort**: Der Verlauf der Schizophrenia simplex ist meist langsam progredient. Die therapeutischen Möglichkeiten sind geringer als bei Formen mit akutem Beginn und akzessorischen Symptomen.

? *Frage: Welcher klinische Typ schizophrener Psychosen tritt bevorzugt in der Pubertät auf?*
— Welches klinische Bild charakterisiert diese Untergruppe?

✔ **Antwort**: Die **hebephrene Form der Schizophrenie** beginnt bevorzugt zwischen dem 15. und 25. Lebensjahr.

Bei dieser Unterform stehen Affektveränderungen im Vordergrund. Der Affekt ist abgeflacht und inadäquat. Die PatientInnen zeigen ein geziertes Verhalten mit Manierismen und pathetischem Gehabe oder läppisch-clownhaftes Verhalten. Dieses Verhalten tritt im häufigen Wechsel mit angepaßten Verhaltensformen auf.

Akzessorische Symptome wie Halluzinationen und Wahnideen treten nur flüchtig und zeitweise auf.

Die hebephrene Form hat insgesamt eine eher ungünstige Prognose.

? *Frage: Neben der Schizophrenia simplex und der hebephrenen Form unterscheidet man nach der vorherrschenden Symptomatik noch zwei weitere klinische Typen.*
— Welche sind das?

✔ **Antwort**: Bei der **paranoiden Form** beherrschen Wahnideen, die mit Halluzinationen einhergehen können, das klinische Bild. Am Anfang der Erkrankung stehen in der Regel undeutlichen Beziehungsideen, die sich meist in Richtung Verfolgungswahn entwickeln.

Paranoide Formen beginnen gewöhnlich im 4. Lebensjahrzehnt und damit in einem späteren Lebensabschnitt als die anderen Untergruppen der schizophrenen Psychosen.

Unter den sogenannten *Spätschizophrenien*, die einen oft blanden Verlauf nehmen, stellen die paranoiden Formen einen großen Anteil dar.

Bei der **katatonen Form** liegt die hauptsächliche Störung im Bereich der Psychomotorik. Das klinische Bild kann zwischen Erregung und Stupor schwanken. Katalepsie, Befehlsautomatie oder Negativismus können hinzutreten.

Die katatone Form hat insgesamt eine günstige Prognose.

? *Frage: Ist im Verlauf einer schizophrenen Erkrankung ein Wechsel der vorherrschenden Symptomatik möglich?*

✔ **Antwort:** Die meisten PatientInnen zeigen während des Verlaufs ihrer Erkrankung nur **eine** vorherrschende Symptomatik.

Allerdings gibt es auch Fälle, bei denen im Verlauf die klinischen Typen ineinander übergehen. Zum Beispiel gehen Hebephrenien oft in paranoid-halluzinatorische Formen über.

? ***Frage:*** *Welche Merkmale sprechen für einen günstigen Verlauf bei schizophrenen Erkrankungen?*

✔ **Antwort:** Für einen günstigen Verlauf und eine gute therapeutische Beeinflußbarkeit sprechen

- ein akuter Krankheitsbeginn,
- ausgeprägte psychomotorische Erregung,
- ein langes Intervall zwischen den Schüben,
- ausgeprägte depressive und manische Verstimmungszustände,
- eine psychoreaktive Auslösung und
- eine ursprünglich unkomplizierte Persönlichkeitsstruktur.

? ***Frage:*** *Durch die heutigen therapeutischen Möglichkeiten hat sich der Verlauf schizophrener Psychosen deutlich gebessert.*
— Welche Verlaufsformen kennen Sie?

✔ **Antwort:** Der Verlauf schizophrener Psychosen kann sehr unterschiedlich sein.

In der Mehrzahl verläuft die Erkrankung in sogenannten *Schüben* oder Wellen. Die Erkrankung heilt in ungefähr 1/3 der Fälle nach einem oder mehreren Schüben aus, kann aber auch zu schweren oder leichten Residualzuständen führen.

Von den schubartigen sind die gradlinigen-chronischen Verläufe abzugrenzen. Sie haben eine insgesamt schlechtere Prognose als die wellenartigen Verläufe und enden meist in leichten bis schweren chronischen *Residualzuständen.*

? ***Frage:*** *Sie haben eben von Residualzuständen gesprochen.*
— Was verstehen Sie darunter?

✔ **Antwort:** Nach einem ungünstigen chronischen Verlauf schizophrener Psychosen können sogenannte Residualzustände auftreten. Das bedeutet, daß schizophrene Symptome dauerhaft persistieren.

Die Symptomatik ist auf die Grundsymptome reduziert. Es fallen bei den PatientInnen eine Abstumpfung des Gefühlslebens, Denkstörungen, eine Antriebsverminderung und vor allem autistisches Verhalten auf.

Akzessorische Symptome sind gar nicht oder nur noch rudimentär vorhanden.

Auch im Residualzustand können erneute akute Krankheitsschübe auftreten.

Die Residualzustände stellen keinen unwiderruflichen Endzustand schizophrener Psychosen dar. Eine therapeutische Beeinflussung ist weiterhin möglich.

? ***Frage:*** *Worauf führen Sie es zurück, daß sich die Prognose schizophrener Psychosen in den letzen Jahrzehnten entscheidend gebessert hat?*

✔ **Antwort:** Diese Verbesserung ist nicht allein Verdienst der heutigen medikamentösen Möglichkeiten, sondern in hohem Maße auch von der Verkürzung der

Hospitalisierungsdauer und der Umorientierung der psychiatrischen Einrichtungen abhängig.

3.4 Diagnostik und Therapie

? *Frage: Eine Patientin berichtet über Stimmen, die sie seit einiger Zeit hören würde. Es handele sich um ihren Vater und dessen Bruder, die über alles, was sie täte und dächte, Bemerkungen machten. Immer wieder spielten sie auf ein Ereignis aus ihrer Jugendzeit an, als sie in einem Geschäft beim Stehlen erwischt worden sei.*
— Schildern Sie die Symptomatik, die bei dieser Patientin vorliegt.
— Ist sie beweisend für eine schizophrene Psychose?

✔ **Antwort:** Die Patientin berichtet von *akustischen Halluzinationen.* Sie hört Stimmen, die ihre Handlungen und Gedanken kommentieren.

Akzessorische Symptome (nach *E. Bleuler*) wie Halluzinationen, Wahn oder katatone Erscheinungen können für sich allein die Diagnose nicht begründen.

Das Hören von Stimmen, die wie hier das Tun der Kranken mit Bemerkungen begleiten, gehört neben anderen zu den *Symptomen ersten Ranges nach Kurt Schneider.* Es handelt sich um Symptome, die zwar für die Diagnose „Schizophrenie“ sprechen, aber nicht beweisend für sie sind.

? *Frage: Sie haben die Symptome ersten Ranges nach K. Schneider angesprochen.*
— Welche faßt man darunter?

✔ Antwort: Kurt Schneider hat Merkmale zusammengefaßt, die auf eine Schizophrenie hinweisen. Er nannte sie Symptome ersten Ranges.

Hierunter zählt man

- Gedankenlautwerden,
- Gedankenausbreitung,
- Gedankenentzug und andere Gedankenbeeinflussung,
- Hören von dialogischen Stimmen,
- Hören von kommentierenden Stimmen,
- leibliche Beeinflussungserlebnisse,
- Wahnwahrnehmungen und
- alles von anderen Gemachte und Beeinflußte auf dem Gebiet des Fühlens, Strebens und des Willens.

? *Frage: Eine Ihnen unbekannte Patientin kommt zur Aufnahme. Bei der psychiatrischen Untersuchung stellen Sie eine schizophrene Symptomatik fest.*
—Welche weitere diagnostische Vorgehen schlagen Sie vor?

✔ **Antwort:** Es sollte immer bedacht werden, daß eine psychische Störung als Folge einer körperlichen Erkrankung auftreten kann.

Deshalb kann eine Schizophrenie nur dann als gesichert gelten, wenn keine Anhalte für eine körperliche Ursache der Symptomatik bestehen.

Aus diesem Grund muß jeder als gesichert geltenden Diagnose eine eingehende körperliche Untersuchung vorangehen.

Psychosen mit schizophrener Symptomatik können zum Beispiel nach Mißbrauch von Psychostimulantien, Rauschgift (z.B. LSD) und Alkohol auftreten.

Auch heredodegenerative Gehirnerkrankungen wie die Chorea Huntington und die Pick-Krankheit können in den Anfangsstadien eine Schizophrenie vortäuschen.

? ***Frage:** Jahrelang wurde angenommen, daß der Verlauf endogener Psychosen allein von der Eigengesetzlichkeit der Krankheit bestimmt wird. Heute weiß man, daß er auch durch psychosoziale Faktoren beeinflußt wird.*
— Wie wirkte sich diese Erkenntnis auf die stationäre Behandlung Psychosekranker aus?

✔ **Antwort:** Die sogenannte Basisbehandlung im Krankenhaus beinhaltet all das, was der Annäherung an normale Lebensumstände dient.

Dazu gehört neben einer wohnlichen Umgebung die Förderung des sozialen Kontaktes zwischen den PatientInnen. Die Einzelne sollte eine ihren Möglichkeiten und Anforderungen entsprechende Freiheit erhalten.

Zum normalen Leben gehören auch feste Zeiten und Aufgaben. Das Behandlungskonzept bietet hierfür die Beschäftigungs- und Arbeitstherapie an. Ziel der Beschäftigungstherapie ist die systematische Tätigkeit mit einer Aufgabe, die Förderung von Konzentration und Initiative und die Erleichterung sozialer Kontakte.

Probleme des privaten Umfelds und der beruflichen Möglichkeiten nach der stationären Behandlung sollten schon in der Klinik angegangen werden, um eine soziale Wiedereingliederung zu erleichtern.

Neben der Basisbehandlung zählt auch der psychotherapeutische Umgang mit den Kranken zu den psychosozialen Maßnahmen.

Bem.: Die Maßnahmen und Forderungen müssen der Belastbarkeit der Kranken angepaßt werden. Das hört sich zwar theoretisch einfach an, bereitet in der Realität aber oft Probleme.

? ***Frage:** Welche Medikamentengruppe gilt als Mittel der ersten Wahl bei schizophrenen Psychosen?*
— Welche psychischen Wirkungen besitzt sie?

✔ **Antwort:** Im Mittelpunkt der somatischen Behandlung schizophrener Psychosen stehen die **Neuroleptika.**

Neuroleptika besitzen insgesamt eine „ordnende Wirkung auf die gestörten psychischen Abläufe“.

Neuroleptika bewirken bei Psychosekranken eine initiale Dämpfung und besitzen eine schlafanstoßende Wirkung. Sie haben positive Effekte auf psychomotorische Erregung, Sinnestäuschungen, Wahn, katatonen Erscheinungen und Denkstörungen.

Für den therapeutischen Einsatz ist es sinnvoll, die Einteilung der Neuroleptika nach ihrer antipsychotischen Wirkung einerseits und ihrer initial dämpfenden, schlafanstoßenden Wirkung andererseits vorzunehmen.

? *Frage: Welche Indikationen kennen Sie für den Einsatz von Neuroleptika?*

✔ **Antwort:** Der Einsatz von Neuroleptika richtet sich weniger nach der Ursache als eher nach den gegenwärtigen Symptomen der Erkrankung.

Als Indikationsgebiete gelten

- psychomotorische Erregungszustände,
- akute psychotische Zustandsbilder (Schizophrenie, Manie),
- Rückfallprophylaxe bei chronisch rezidivierenden Psychosen (meist Schizophrenien) und
- chronisch verlaufende schizophrene Psychosen und Residualzustände.

Für die Behandlung psychomotorischer Erregungszustände eignen sich besonders Neuroleptika mit initial dämpfender Wirkung (z.B. Levomepromazin (Neurocil®).

Bei akuten psychotischen Zustandsbildern und chronisch verlaufenden Schizophrenien werden dagegen Neuroleptika mit stärkerer antipsychotischer und geringer sedierender Wirkung (z.B. Haloperidol (Haldol®) eingesetzt.

Fallgeschichte

Eine 22jährige Frau, die schon zweimal wegen einer ähnlichen Symptomatik in stationärer Behandlung war, wird von ihrer Mutter ins Krankenhaus gebracht.

Fremdanamnese

Die Mutter berichtet, daß ihre Tochter an einer auswärtigen Universität studiere und dort in einer Wohngemeinschaft lebe. Gestern sei sie von den Mitbewohnerinnen angerufen worden, die ihr erzählten, daß sich ihre Tochter seit zwei Tagen in ihrem Zimmer eingesperrt habe. Schon einige Tage davor sei sie auffällig geworden. Sie habe davon gesprochen, daß sie Tag und Nacht die Schritte der Mitbewohnerinnen höre und sich auf nichts anderes mehr konzentrieren könne. Sie hätten erst nicht viel darauf gegeben, als sich die Patientin aber in ihr Zimmer verkrochen habe und auch auf Klopfen nicht mehr reagierte, hätten sie es für nötig gehalten, die Mutter zu informieren.

Als die Mutter in der Wohngemeinschaft eintraf, habe die Tochter zwar auf ihr Rufen hin die Tür geöffnet, sei aber kaum mehr ansprechbar gewesen. Sie habe immer wieder von einer Schuld erzählt, die sie auf sich geladen habe.

Da die Tochter ja schon zweimal in diesem psychiatrischen Krankenhaus in Behandlung gewesen sei und sie die Anfangszeichen der Erkrankung schon kenne, habe sie es für das Beste gehalten, sofort hierher zu kommen.

Aktueller Befund

Die Patientin scheint die Umgebung, in der sie sich befindet, nicht zu beachten. Immer wieder äußert sie gleich klingende Satzfetzen, die zusammenhangslos nebeneinander stehen. Dabei tauchen in dem Wortgemisch häufig die Worte „Schuld“ und „schuldig“ auf. Einmal beginnt die Patientin zu weinen. Als sie aufgefordert wird, mit einem Pfleger auf ihr Zimmer zu gehen, folgt sie ihm mit abgespreizten Armen und theatralisch erhobenen Händen, wobei sie nur auf die Fugen tritt, die sich zwischen den Bodenplatten befinden.

In der darauffolgenden halben Stunde ist die Patientin psychomotorisch unruhig, schreitet in ihrem Zimmer auf und ab – immer auf die Fugen tretend. Ab und zu schreit sie laut auf, dann wieder lacht sie plötzlich. Als die Mutter sich verabschiedet, klammert sich die Patientin an sie, fängt an zu schreien und zu weinen. Es gelingt der Mutter nur mit Hilfe des Krankenhauspersonals, sich von der Umklammerung zu befreien und den Raum zu verlassen.

? ***Frage:*** *Welche Verdachtsdiagnose stellen Sie anhand des geschilderten psychopathologischen Bildes?*

✔ **Antwort:** Der geschilderte psychopathologische Befund mit Denkzerfahrenheit, autistischem Verhalten und Affektstörungen, sowie der rezidivierende Verlauf der Erkrankung legen den Verdacht nahe, daß es sich um einen erneuten Schub einer schizophrenen Psychose handelt.

Für eine *katatone Form einer Schizophrenie* spricht die Symptomatik der Patientin mit psychomotorischer Unruhe und Bewegungs- (Schreiten auf den Fugen) und Sprachstereotypien (Wiederholen sinnlos erscheinender Sätze). Bei der katatonen Form der Schizophrenie treten neben den Störungen des Antriebs und der Motorik meist auch Wahn und Halluzinationen auf. Auf ein wahnhaftes Erleben lassen die Aussagen der Patientin, daß sie sich „schuldig" fühle, schließen.

? ***Frage:*** *Welche Behandlung leiten Sie ein?*

✔ **Antwort:** Bei akuten und schweren psychotischen Zustandsbildern wie diesem kann man sofort mit einer hochdosierten (evtl. parenteralen) Neuroleptikamedikation beginnen.

Zur Akutbehandlung bietet sich Haloperidol (Haldol®) wegen seines guten antipsychotischen Effektes an. Eine Dosis von 50 mg sollte während 24 Stunden aber nicht überschritten werden.

? ***Frage:*** *Können Sie uns sagen, wie hoch durchschnittlich die Erhaltungsdosis von Haldol während einer stationären Behandlung liegt?*

✔ **Antwort:** Als Erhaltungsdosis gilt die minimale Dosis, die zur Unterdrückung der psychotischen Symptomatik notwendig ist.

Die stationäre Erhaltungsdosis von Haldol liegt meist im Bereich von 10-15 mg/die.

? ***Frage:*** *Unter der von Ihnen eingeleiteten Behandlung mit Haloperidol bessert sich die akute Symptomatik innerhalb von drei Tagen deutlich. Die Patientin erhält eine Dosierung von 3 x 5 mg/die. Unter dieser Medikation klagt sie aber über zunehmende Schwierigkeiten beim Sprechen und einige Tage später auch darüber, daß sie nicht mehr lange still sitzen könne. Während der Gespräche mit Ihnen steht die Patientin wiederholt auf und bewegt unruhig die Beine. Nach Aufforderung setzt sie sich wieder.*
— Welche Ursache liegt den neu aufgetretenen Störungen der Patientin zugrunde?

✔ **Antwort:** Unter Neuroleptikamedikation können *extrapyramidal-motorische Störungen* auftreten.

Die Schwierigkeiten der Patientin beim Sprechen sind auf Zungen- und Schlundkrämpfe zurückzuführen. Diese können im Rahmen der sogenannten **Frühdyskinesien** unter Neuroleptikamedikation auftreten. Wie der Name schon ausdrückt, treten Frühdyskinesien fast immer in den ersten Behandlungstagen auf, vor allem bei schneller Dosissteigerung.

Motorische Störungen, die ebenfalls zu den Frühdyskinesien zählen, sind Blickkrämpfe, Torticollis, Kieferklemme (Trismus) und athetoide oder choreatische Bewegungsabläufe in der Muskulatur des Halses und der oberen Extremitäten. In selten Fällen kommt es zu laryngealen Spasmen.

Die Unfähigkeit der Patientin, über eine längere Zeit ruhig sitzenzubleiben, bezeichnet man als **Akathisie**. Sie ist – wie auch in diesem Fall – häufig mit einem ständigen Bewegungsdrang (*Tasikinesie*) verbunden.

? ***Frage:** Was können Sie gegen die neu aufgetretenen Beschwerden der Patientin tun?*

✔ **Antwort:** Frühdyskinesien sprechen gut auf anticholinergisch wirksame *Antiparkinsonmittel* an.

Das am häufigsten verwandte Medikament ist Biperiden (Akineton®). Biperiden wird zur Unterbrechung von Frühdyskinesien in einer Dosis von 2,5 – 5 mg i.v. oder i.m. gegeben.

Bem.: Das Auftreten von Frühdyskinesien ist kein Grund, eine ansonsten wirksame Behandlung mit Neuroleptika zu unterbrechen

Die Akathisie läßt sich durch Anticholinergika weniger gut beeinflussen als die Frühdyskinesien. Bei quälender Symptomatik ist eine Therpie mit Atosil (Promethazin®) oder Beta-Blockern (z.B. Propanolol) indiziert. Wenn auch darunter die Symptomatik fortbesteht, ist eine Reduktion der Neuroleptika-Dosis oder ein Präparatewechsel notwendig.

? ***Frage:** Hätten Sie Akineton® zur Prophylaxe der Frühdyskinesien einsetzen sollen?*

✔ **Antwort:** Von einem prophylaktischen Einsatz oder einer Dauerbehandlung mit Anticholinergika wird dringend abgeraten.

Ein Grund dafür ist, daß nur bei 30% der mit Neuroleptika behandelten PatientInnen Frühdyskinesien auftreten. Außerdem wird darüber diskutiert, ob der prophylaktischen Einsatz von Anticholinergika die Wirkung der Neuroleptika verringere und eventuell auch das Auftreten von Spätdyskinesien fördere.

? ***Frage:** Warum müssen Sie bei einer Behandlung der Patientin mit Haloperidol eher mit extrapyramidal-motorische Störungen rechnen als unter Levomepromazin?*

✔ **Antwort:** Neuroleptika beeinflussen in unterschiedlicher Ausprägung die psychischen Funktionen, das Vegetativum und das extrapyramidal-motorische System.

Bei der Einteilung der Neuroleptika entsprechend ihrer antipsychotischen Wirkung fällt auf, daß sich in den meisten Fällen antipsychotische Wirkung und extrapyramidal-motorische Störungen *di-*

rekt proportional zueinander verhalten. Das heißt, je größer die antipsychotische Wirkung eines Neuroleptikums ist, umso häufiger treten motorische Störungen auf.

Haldol® besitzt eine starke antipsychotische Wirkung, während Neurocil® nur ein schwaches Neuroleptikum ist. Extrapyramidal-motorische Störungen sind – entsprechend dem oben Gesagten – unter Neurocil® geringer als unter Haldol®.

? ***Frage:*** *Welches Neuroleptikum hat die Theorie widerlegt, die besagte, daß eine antipsychotische Wirksamkeit immer mit extrapyramidal-motorischen Nebenwirkungen verbunden ist?*

✔ **Antwort:** Extrapyramidal-motorische Störungen galten lange als Indikator für die antipsychotische Potenz eines Neuroleptikums.

Diese Theorie mußte nach Einführung von Clozapin (Leponex®) fallengelassen werden. Denn, obwohl Clozapin ein Neuroleptikum mit mittelstarker antipsychotischer Wirkung ist, treten unter der Behandlung mit diesem Medikament keine extrapyramidal-motorischen Störungen auf.

? ***Frage:*** *Wie verhalten sich antipsychotische Wirkung einerseits und sedative, vegetativ dämpfende Effekte andererseits bei Haloperidol und Levomepromazin zueinander?*

✔ **Antwort:** Sedierende und vegetativ dämpfende Wirkungen verhalten sich *umgekehrt proportional* zu den antipsychotischen Effekten.

Das heißt, besitzt ein Neuroleptikum eine starke antipsychotische Wirkung, sind seine sedierenden, schlafanstoßenden Wirkungen gering bis gar nicht vorhanden.

Wie schon erwähnt, besitzt Haldol® eine starke antipsychotische Wirkung. Die sedativen, schlafanstoßenden und vegetativ dämpfenden Effekte sind dementsprechend gering ausgeprägt.

Neurocil® dagegen ist ein schwach antipsychotisch wirkendes Neuroleptikum, dessen sedierende und vegetativ dämpfende Effekte deutlich ausgeprägt sind.

Neuroleptika mit guten sedierenden Eigenschaften werden gerne als Zusatzmedikation bei auftretenden Schlafstörungen gegeben.

? ***Frage:*** *Die Patientin spricht auf die Medikation gut an. Nach einer langsamen Dosisreduktion des Haloperidols von 3 x 4 mg auf 3 x 3 mg/die werden auch die extrapyramidal-motorischen Beschwerden der Patientin geringer. Die Neuroleptika-Dosis kann nach weiteren zwei Wochen nochmals reduziert werden. Die Patientin erhält jetzt eine Dosis von 2 x 3 mg/die. — Können Sie die Medikation jetzt ausschleichen?*

✔ **Antwort:** Bei einer schizophrenen Ersterkrankung kann man bei gutem Ansprechen der Medikation diese nach ungefähr drei Monaten langsam ausschleichen.

Bei Rezidiverkrankungen (es handelt sich hier um den dritten Schub der Grunderkrankung), ist ein Absetzen der Medikation wegen eines erneuten Rückfallrisikos nicht empfehlenswert.

Untersuchungen haben gezeigt, daß durch eine Langzeitbehandlung mit Neuroleptika über mindestens 1-2 Jahre die Rezidivrate entscheidend gesenkt werden kann.

? *Frage: Welches Präparat käme denn hier als Leitzeittherapeutikum in Frage und in welcher Dosierung würden Sie es einsetzen?*

✔ **Antwort:** Da Haldol® von der Patientin gut vertragen wird und einen ausreichenden therapeutischen Effekt zeigt, wird man dieses auch als Leitzeittherapeutikum einsetzen.

Ob dabei eine orale Medikation oder sogenannte Depot-Präparate (Decanoat) verwandt werden, hängt von der Compliance der Patientin ab. Da die Patientin jetzt eine orale Medikation von 6 mg Haloperidol erhält, könnte man zunächst überlappend eine reduzierte orale Medikation und eine Depotform mit zirka 50 mg Haloperidol-Decanoat in zweiwöchentlichen Abständen ansetzen. Im weiteren Verlauf kann man dann – abhängig von der Verträglichkeit der Medikation und der Compliance der Patientin – auf eine einmonatliche Decanoat-Gabe (50-150 mg) umstellen.

? *Frage: Neben einer sich an Verlauf und Verträglichkeit orientierenden Neuroleptika-Medikation hängt der Erfolg einer ambulanten Langzeitbehandlung auch von einer guten psychotherapeutischen Führung und Unterstützung der Patientin ab. — In welchem Prozentsatz erkranken schizophrene PatientInnen trotz Langzeittherapie wieder?*

✔ **Antwort:** Bei ungefähr 30% der PatientInnen kommt es trotz Langzeittherapie zu einer erneuten Erkrankung.

4. Alkohol-, Drogen- und Medikamentenabhängigkeit

4.1 Allgemeiner Teil

? *Frage: Können Sie uns den Begriff „Drogenabhängigkeit" erklären?*

✔ **Antwort:** Drogenabhängigkeit ist ein Zustand periodischer oder chronischer Intoxikation, der durch den wiederholten Gebrauch von Drogen erzeugt wird und der für das Individuum und/oder die Gesellschaft schädlich ist.

? *Frage: Was kennzeichnet süchtiges Verhalten?*

✔ **Antwort:** Typisch für süchtiges Verhalten sind:

- der übermächtige Wunsch, den in der Sucht erlebten Zustand wieder herbeizuführen
- sich das Suchtmittel um jeden Preis zu beschaffen
- die Tendenz, die Dosis zu steigern.

? *Frage: Welche Faktoren beeinflussen die Entstehung einer Suchtstoffabhängigkeit?*

✔ **Antwort:** Die Genese der Suchtstoffabhängigkeit ist multifaktoriell.

Die Verlockung der Suchtmittel und ihre Verfügbarkeit, das soziale Umfeld und die Persönlichkeit der Abhängigen sind Faktoren, die sich gegenseitig beeinflussen und verstärken können.

Grund für den Mibrauch von Suchtstoffen kann der Wunsch sein, Verstimmungszustände zu bessern, eine Betäubung herbeizuführen oder eine Leistungssteigerung zu bewirken. Auch die Einnahme von Medikamenten kann für einige Patientnnen den Einstieg in eine Abhängigkeit bedeuten.

Über den Mißbrauch eines Suchtmittels kommt es zuerst zur Gewöhnung. Der Organismus ist in der Lage, immer höhere Dosen zu metabolisieren. Dem Stadium der Gewöhnung folgt das Stadium der Sucht mit psychischer und/oder physischer Abhängigkeit.

? *Frage: Gibt es Persönlichkeitsstrukturen, die eher als andere dazu neigen, süchtiges Verhalten zu entwickeln?*

✔ **Antwort:** Als besonders gefährdet gelten haltschwache und stimmungslabile Persönlichkeiten. Es ist aber immer eine Kombination aus Droge, Umwelt und

Persönlichkeit, die zusammenwirken müssen, um in eine Abhängigkeit zu münden.

Erklärungsmodelle lerntheoretischer oder psychodynamischer Art sehen süchtiges Verhalten als Konfliktvermeidung, im Sinne eines Ersatzes der „normalen" neurotischen Abwehr.

Süchtige Menschen haben nicht gelernt, die Frustrationen zu tolerieren, die durch Konflikte entstehen. Sie fühlen sich nicht anerkannt oder geliebt und erleben dadurch weitere Frustrationen. Ein Ausweg aus diesem Teufelskreis wird in der Abhängigkeit gesucht.

? *Frage: Kennen Sie genetische Faktoren, die die Entwicklung einer Alkoholabhängigkeit begünstigen?*

✔ **Antwort:** Genetische Faktoren werden als mitbestimmend für die Entwicklung einer Alkoholsucht angesehen.

Dafür sprechen:

- In der Anamnese von Alkoholabhängigen ist häufig der Vater ebenfalls alkoholsüchtig.
- Schizophrene Erkrankungen oder affektive Psychosen kommen in der Familie der Alkoholabhängigen häufiger vor als bei Nicht-Alkoholkranken.
  Es ist aber ebenfalls möglich, daß sich auf eine bestehende endogene Psychose eine Sucht aufpropft.

? *Frage: Welche Formen der Suchtstoffabhängigkeit hat die WHO festgelegt und worin unterscheiden sie sich im Wesentlichen?*

✔ **Antwort:** Die WHO unterscheidet sieben Typen:

- Morphin-,
- Cocain-,
- Cannabis (Marihuana)-,
- Amphetamin-,
- Babiturat-,
- Alkohol-,
- Halluzinogen- und
- Khat-Typ.

Diese unterscheiden sich in ihrem körperlichen und psychischen Abhängigkeitspotential.

- Vorwiegend psychische Abhängigkeit bewirken Cocain, Amphetamin, Cannabis, Halluzinogene und Khat.
- Vorwiegend körperlich abhängig machen Drogen vom Barbiturat-Alkohol-Typ
- Ein psychisch und physisch gleich großes Abhängigkeitspotential besitzen Morphin und seine Derivate wie z. B. Heroin, aber auch Morphin-Antagonisten wie Naloxon. Sie können bei abruptem Absetzen starke Entzugserscheinungen hervorrufen.

? *Frage: Was verstehen Sie unter psychischer und physischer Abhängigkeit?*

✔ **Antwort:** *Psychische Abhängigkeit* ist ein übermächtiges seelisches Verlangen, den erlebten angstlösenden oder lustbringenden Drogeneffekt zu wiederholen, die Droge weiter einzunehmen und sie sich deshalb um jeden Preis zu verschaffen.

Zu einer *physischen Abhängigkeit* kommt es durch den Einfluß, den die Droge auf den Stoffwechsel des Körpers nimmt. Dosissteigerung und Toleranzentwicklung sind die Folge.

Nach Entzug des Stoffes kommt es zu drogenspezifischen, charakteristischen körperlichen Abstinenzsyndromen.

? ***Frage:*** *Nennen Sie die von der WHO festgelegten Unterschiede zwischen Gewöhnung und Sucht.*

✔ **Antwort:** Nach der WHO ist der wesentliche Unterschied zwischen Gewöhnung und Sucht, daß bei der Gewöhnung keine Tendenz zur Dosissteigerung besteht.

Bei der Sucht hingegen wird durch die Toleranzentwicklung eine Dosissteigerung notwendig.

Zwischen diesen beiden Formen existieren fließende Übergänge.

? ***Frage:*** *Welche soziale Bedeutung hat die Drogen- und Medikamentenabhängigkeit?*

✔ **Antwort:** In der Bundesrepublik gibt es circa drei Millionen Alkoholabhängige und 500 000 Medikamentenabhängige.

Die immer größer werdende Zahl der Abhängigen führt auch zu einer Zunahme körperlicher und psychischer Folgeerkrankungen. Hierzu gehören u.a. AIDS und Geschlechtskrankheiten.

Verkehrsunfälle, Gewalt oder Beschaffungskriminalität, die mit der Einnahme von Drogen verbunden sind, verdeutlichen die sozialen Auswirkungen der Abhängigkeitsentwicklung.

Für die Betroffenen bedeutet die Sucht eine langsame Selbstzerstörung. Man spricht von einem „Suizid auf Raten“.

4.2 Alkohol- und Medikamentenabhängigkeit

? ***Frage:*** *Sie kennen die Einteilung der Trinkertypen nach Jellinek.*
— Können Sie die beiden häufigsten Typen nennen?

✔ **Antwort:** Die beiden am häufigsten vorkommenden Typen nach Jellinek sind der Alpha- und der Beta-Typ.

- Der **Alpha-Typ** ist vorwiegend eine ErleichterungstrinkerIn, die das Trinken als konfliktvermeidendes Verhalten benutzt. Ein Kontrollverlust besteht nicht. Eine psychische Abhängigkeit ist möglich.
- Der **Beta-Typ** trinkt aus Gewohnheit oder Anpassung an die sozialen Normen. Eine Abhängigkeit entwickelt sich erst relativ spät.

? ***Frage:*** *Bei zwei anderen Alkoholismusformen dieser Einteilung ist das süchtige Verhalten stärker ausgeprägt.*
— Was kennzeichnet und unterscheidet diese beiden Formen?

✔ **Antwort:** Die zwei Typen nach Jellinek mit ausgeprägtem süchtigem Verhalten sind die *Gamma-* und die *Delta-AlkoholikerIn.*

- Im Verlauf des **Gamma-Alkoholismus** tritt ein Kontrollverlust der Trinkmenge ein. Es besteht sowohl eine starke physische als auch eine psychische Abhängigkeit.
Die Persönlichkeitsstruktur der Süchti-

gen ist oft der eigentliche Auslösemechanismus. Soziale Faktoren spielen bei diesem Typ keine entscheidende Rolle.

- Beim **Delta-Alkoholismus** kommt es dagegen zu keinem Kontrollverlust, hier steht die physische Abhängigkeit mit Abstinenzerscheinungen im Vordergrund. Ohne die kritische Durchgangsphase entwickelt sich das Stadium des chronischen Alkoholismus.
  Bei diesem Typ steht die Milieubeeinflussung im Vordergrund. Er ist z. B. in Weinbaugebieten häufig.
- Daneben gibt es noch den selten vorkomenden **Epsilon-Alkoholismus**. Diese eher zur Überkorrektheit neigenden Menschen sind normalerweise nicht auf Alkohol angewiesen. Es kommt aber zu periodischen Trinkexzessen, in denen dann ein Kontrollverlust besteht.

? ***Frage:*** *Der Weg in den Alkoholismus verläuft nach einem bestimmten Schema, das ebenfalls von Jellinek beschrieben worden ist.*
— Können Sie uns diese Phaseneinteilung beschreiben?

✔ **Antwort:** Jellinek hat fünf Phasen der Suchtentwicklung beschrieben:

- In der *präalkoholischen Phase* trinken die Betroffenen immer häufiger, um sich Erleichterung zu verschaffen.
- In der *Prodromalphase* tritt die psychische Abhängigkeit deutlich hervor. Die Abhängige trinkt heimlich, ihr Denken engt sich auf das Suchtmittel ein und Schuldgefühle nehmen zu. Jetzt können auch alkoholische Amnesien auftreten ("Filmriß").
- Dieser Phase folgt das sogenannte mittlere *kritische Stadium*, das durch Trinkexzesse mit Kontrollverlust und zunehmenden Umweltkonflikten zur alkoholischen Wesensänderung führt. Diese ist neben den psychischen Auswirkungen des Alkohols auch durch hirnorganische Schädigungen mitbedingt.
- In der *chronischen Phase* treten tagelange Rauschzustände auf. Es kommt zu morgendlichen Abstinenzerscheinungen und einem allmählichen Verlust der Alkoholtoleranz.
  Die Persönlichkeitstruktur verflacht: Stimmungslabilität und Affektlabilität, Passivität, Konzentrations- und Merkfähigkeitsstörungen stehen im Vordergrund.

? ***Frage:*** *Wann ist eine Heilung bei Alkoholkranken noch möglich?*

✔ **Antwort:** Eine vollständige Restitution ist auch im Stadium des chronischen Alkoholismus noch möglich.

Allerdings kann die Rehabilitation einer chronisch Alkoholkranken mehrere Jahre dauern. Schnelle Erfolge sind fast nie zu erwarten.

Erst bei Zuständen mit irreversiblen hirnorganischen Schäden spricht man von einer *Alkoholdemenz*, die nicht mehr reversibel ist.

? ***Frage:*** *Welche Formen der Alkoholpsychosen kennen Sie und unter welchem nosologischen Begriff kann man sie zusammenfassen?*

✔ **Antwort:** Alle durch Alkohol hervorgerufenen Psychosen sind *akute symptomatische Psychosen.*

- Die Symptomatik der **Alkoholhalluzinose** ist vor allem durch akustische Halluzinationen bestimmt. Eventuell können sie in Verbindung mit einem paranoidem Erleben auftreten. So können einer Alkoholabhängigen zum Beispiel halluzinierte Stimmen einen frühen Tod prophezeien oder sie anderweitig bedrohen. Dieser Zustand dauert meist wenige Tage bis einige Wochen an, selten auch länger.

- Beim **Delirium tremens** handelt es sich um eine vorübergehende psychotische Störung mit Desorientierung, psychomotorischer Unruhe, Tremor und vegetativen Störungen. Zusätzlich können im Delir Halluzinationen auftreten. Am häufigsten sind optische Halluzinationen. Das Delir klingt unter medikamentöser Behandlung meist nach 3-4 Tagen ab.
- Ein **Korsakow-Syndrom** kann nach einem Delirium tremens oder auch spontan auftreten.
  Die typische *Symptomtrias* eines Korsakow-Syndroms besteht aus Desorientiertheit, Merkfähigkeitsstörungen und Konfabulationen. Konfabulationen sind Pseudoerinnerungen, mit denen die PatientIn ihre Gedächtnislücken auffüllt.
- Im **Eifersuchtswahn** ist der Süchtige davon überzeugt, daß seine Ehefrau ihm untreu sei. Diese Vorstellung kann sich so verfestigen, daß sie auch während längerer Abstinenzphasen bestehen bleibt.

Bem.: Ob ein Ehemann seiner Frau ebenfalls untreu sein kann, ist der Literatur nicht zu entnehmen!

? *Frage: Welche Ursachen für das Delir kennen Sie?*

✔ **Antwort:** Das Delir ist eine unspezifische Reaktion des Gehirns.

Die häufigste Ursache für ein Delir ist die chronische Intoxikation mit Alkohol.

Andere Ursachen sind:

- exogene Intoxikationen durch Barbiturate, Opiate, Amphetamine oder bestimmte Pharmaka,
- neurologische Erkankungen wie Traumen, Infektionen, Neoplasien, Blutungen und vaskuläre Erkrankungen des Gehirns und
- allgemeinkörperliche Erkrankungen wie Sepsis, Pneumonie, Thyreotoxikose, schwere Stoffwechselstörungen und Herzversagen.

? *Frage: Welche Formen des Delirs unterscheidet man nach der Art der Auslösung?*

✔ **Antwort:** Man unterscheidet drei Formen des Delirs.

- Das am häufigsten vorkommende ist das *Abstinenzdelir.* Es tritt meist 2-3 Tage nach Entzug der Droge auf.
- Das *Kontinuitätsdelir* tritt während fortgesetzten Trinkens auf.
- Das *Gelegenheitsdelir* wird durch psychische oder physische Belastungssituationen ausgelöst.

? *Frage: Durch welche klinischen Symptome ist das Delir charakterisiert?*

✔ **Antwort:** Kennzeichen des Delirs sind Desorientierung, Angst, Erregung, hochgradige psychomotorische Unruhe, Geschäftigkeit (Nesteln mit den Händen, Wischen) und Suggestibilität.

Im Delir können zu den oben genannten Symptomen illusionäre Verkennungen und Halluzinationen hinzukommen. Am häufigsten sind optische Halluzinationen. Oft sehen die PatientInnen kleine

Tiere oder Figuren, die sich bewegen (*Mikropsie*), oder szenisch ausgestaltete Abläufe.

Das Delir ist begleitet von vegetativen Regulationsstörungen wie Tremor, Schwitzen Temperaturanstieg, Hypertonie, Tachykardie und Dehydratation.

In einigen Fällen treten auch zerebrale Krampfanfälle auf.

? **Frage:** *Ein Patient wird nachts um 4 Uhr zu Ihnen in die Notaufnahme gebracht. Er ist psychomotorisch sehr unruhig und nicht in der Lage, sinnvoll auf Ihre Fragen zu antworten. Die Begleitperson ist stark angetrunken und auch der Patient riecht alkoholisiert.*
— Was veranlassen Sie?

✔ **Antwort:** Am Anfang jeder Diagnostik steht die Anamnese. Da der Patient bewußtseinsgestört ist, wird man sich in diesem Fall auf die Fremdanamnese beschränken müssen.

Es folgt die Erhebung des psychopathologischen Befundes.

Daran schließt sich eine allgemein-körperliche, neurologische und labortechnische Untersuchung an. Hierdurch werden körperliche Ursachen der Bewußtseinsstörung (z.B. Hirnverletzungen nach einem Sturz oder hypoglykämischer Schock) ausgeschlossen.

Wenn keine körperlichen Ursachen für die Bewußtseinsstörung gefunden werden, kann die Verdachtsdiagnose „Alkoholdelir" gestellt werden.

? **Frage:** *Sie halten einem Patienten, der wegen eines Alkoholdelirs in der Klinik behandelt wird, ein unbeschriebenes weißes Blatt vor und bitten ihn, den darauf geschriebenen Text vorzulesen. Der Patient bemüht sich unter sichtlicher Anstrengung, den vermeintlichen Text zu lesen.*
— Wie erklären Sie sich dieses Phänomen?

✔ **Antwort:** Während eines Delirs besteht eine hochgradige *Suggestibilität*. Der Patient ist bemüht, den Erwartungen der ÄrztIn zu entsprechen.

Der Patient nimmt den ihm suggerierten Text tatsächlich wahr. In dieser Phase des Delirs würde er auch auf Fragen nach seinem Alkoholkonsum und möglichem Schuldverhaltem ganz im Sinne der ÄrztIn antworten.

Im Delir abgerungene Schuldeingeständnisse oder Therapieversprechen sind deshalb meist wertlos.

Fallgeschichte

Ein Patient kommt zur Aufnahme. Er berichtet Ihnen, daß er seit einigen Tagen mehrere Leute, die er nicht kenne, über sich sprechen höre. Die Stimmen beschuldigten ihn, daß er ein schlechter Mensch sei, und obendrein gefährlich. Eigentlich müsse er eingesperrt und vor Gericht gestellt werden. Der Patient ist von der Realität der Stimmen felsenfest überzeugt und wundert sich nur, daß er sie überall hört.

Der Patient macht insgesamt einen ungepflegten Eindruck. Sie beobachten, daß die Hände des Patienten zittern. Sein Hemd ist durchgeschwitzt, seine Haut stark gerötet.

Auf Ihre Fragen hin ergibt sich, daß er bewußtseinsklar und voll orientiert ist.

? **Frage:** *Welche Verdachtsdiagnose stellen Sie?*

✔ **Antwort:** Der Patient berichtet über akustische Halluzinationen. Die Stimmen bedrohen und beschimpfen ihn

Differentialdiagnostisch muß man an eine Alkoholhalluzinose oder an eine Schizophrenie denken.

- Die *Alkoholhalluzinose* ist gekennzeichnet durch vorwiegend akustische Halluzinationen. Der Patient ist bewußtseinsklar. Es handelt sich um eine akute organische Psychose.
  Neben den Halluzinationen kommen vor allem vegetative Reaktionen (Schwitzen, Tremor, Fieber u.a.), Merkfähigkeits- und Gedächtnisstörungen und eine ängstliche Unruhe vor.
- Die Diagnose *Schizophrenie* kann erst dann gestellt werden, wenn Grundsymptome (Störungen des Denkens, des Handelns und des Antriebs) nachweisbar sind. Halluzinationen und wahnhaftes Erleben sind akzessorische Symptome, die allein die Diagnose nicht begründen können.

? **Frage:** *Chronischer Alkoholismus führt zu einem Endzustand mit psychischen und physischen Ausfallerscheinungen.*
— Welches sind die Wesentlichen?

✔ **Antwort:**

- *Organische Schäden* sind Gastritis, Mageulcus, Leberzirrhose und -verfettung, chronische Pankreatitis, Diabetes, Kardiomyopathien, Polyneuropathien, Anfallsleiden sowie das Wernicke-Syndrom.
- Psychischer Endzustand ist das *Korsakow-Syndrom*. Es ist gekennzeichnet durch die Symptom-Trias Desorientiertheit, Merkfähigkeitsstörungen und Konfabulationen.
  Konfabulationen sind Pseudoerinnerungen, mit denen die PatientIn ihre Gedächtnislücken füllt. Sie ist von dem Wahrheitsgehalt ihrer „Erinnerungen" überzeugt.

? **Frage:** *Welches Krankheitsbild stellt die schwerste Form einer alkoholbedingten organischen Psychose dar?*

✔ **Antwort:** Eine schwere durch Alkohol bedingte Psychose ist das **Wernicke-Syndrom**.

Als hirnorganische Ursache der Erkrankung finden sich Einblutungen in die periaquäduktale Substantia grisea.

Klinisch charakteristisch sind für das Wernicke-Syndrom Augenmuskellähmungen, Anisokorie, Miosis, Ataxie und Krampfanfälle bei hochgradiger Bewußtseinstrübung bis zum Sopor. Delirante Phasen können ebenfalls auftreten.

Ursache für das Wernicke-Syndrom ist ein Vitamin B_1-Mangel. Zur Behandlung des Wernicke-Syndroms wird Vitamin B_1 hochdosiert (täglich 100 mg) zugeführt.

Die Prognose des Wernicke-Syndroms ist schlecht. Wenn die PatientIn überlebt, bleibt meist ein Korsakow-Syndrom zurück.

? *Frage:* *Man spricht von der „Behandlungskette" in der Therapie des Alkoholismus.*
— Welche Phasen der Therapie unterscheidet man?

✔ **Antwort:** Man teilt die Therapie in fünf Phasen.

- **Kontakt- und Aufnahmephase.**
  Das bestehende Alkoholproblem wird durch die ÄrztIn angesprochen.
- **Motivationsphase.**
  Der Wille zum Entzug wird gefördert.
- **Entgiftungsphase.**
  Der Entzug muß gegebenenfalls in stationärer psychiatrischer Behandlung erfolgen. Den Abhängigen muß bei der Überwindung der akut auftretenden körperlichen und psychischen Entzugserscheinungen geholfen werden.
- **Entwöhnungsphase.**
  Im Anschluß an die Entgiftungsphase sollte sich eine mindestens zweimonatige Entwöhnungsphase angeschließen. In Fachkrankenhäusern mit Abteilungen für Suchtkranke wird die Behandlung mit psychotherapeutischen Verfahren fortgesetzt. Daneben wird den PatientInnen geholfen, mit sozialen und beruflichen Problemen umzugehen.
- **Rehabilitationsphase und Nachsorge.**
  In diesem Stadium müssen die bis dahin „trockenen" AlkoholikerInnen ihr Leben der neuen Bedingung, ohne Suchtmittel zu leben, anpassen. Hilfreich ist es, wenn sie sich spätestens jetzt einer Selbsthilfegruppe anschließen.

? *Frage: Selbsthilfegruppen sind von hohem therapeutischen Nutzen für AlkoholikerInnen.*
— Welche Organisationen kennen Sie?

✔ **Antwort:** Selbsthilfegruppen für AlkoholikerInnen sind die Anonymen Alkoholiker (AA), die Guttempler, das Blaukreuz und der Kreuzbund.

? *Frage: Welches Konzept vertreten die Anonymen Alkoholiker?*

✔ **Antwort:** Die Anonymen Alkoholiker gehen davon aus, daß der Alkoholismus eine lebenslange Erkrankung ist, die nie geheilt werden kann.

Auch solche, die schon lange nicht mehr trinken, bezeichnen sich selbst nur als „nicht aktive AlkoholikerInnen".

Bei den TeilnehmerInnen wird in anfänglich kleinen, zeitlich begrenzten Schritten eine Abstinenz angestrebt.

Ein wichtiger Punkt ist darüberhinaus, daß jede Alkoholabhängige sich erst der Kontrolle der anderen TeilnehmerInnen unterwirft und später möglichst selbst zum Vorbild für neue Mitglieder wird.

? *Frage: Nennen Sie uns die Unterschiede, die zwischen den einzelnen Rauschformen bestehen.*

✔ **Antwort:** Jeder Rauschzustand ist eine *akute exogene Psychose.*

Nach dem klinischen Bild unterscheidet man drei Rauschformen.

- Im **einfachen Rausch** findet sich eine von der Persönlichkeit und individuellen Alkoholtoleranz abhängige Reaktionsweise. Eine Bewußtseinstrübung kann vorhanden sein.
  Die Gedächtnisfunktionen werden vordergründig nicht beeinträchtigt.

- Der **komplizierte Rausch** unterscheidet sich *quantitativ* vom einfachen Rausch. Es kann zu hochgradigen Erregungszuständen und depressiv-paranoiden bis manischen Durchgangssyndromen kommen.
  Auch die Bewußtseinsstörung ist im allgemeinen ausgeprägter als beim einfachen Rausch. Eine partielle Amnesie ist möglich, ein völliger Verlust des Erinnerungsvermögens kommt aber fast nie vor.
  Ein komplizierter Rausch kommt vor allem bei geistig behinderten oder hirnorganisch vorgeschädigten Personen vor.
- Der **pathologische Rausch** unterscheidet sich *qualitativ und quantitativ* von den anderen Rauschformen.
  Nach geringen Mengen Alkohol tritt schlagartig eine hochgradig vitale Erregung mit Affektentladungen und Verkennung der Situation oder ein Dämmerzustand ein. Es kann zu schweren Gewalttaten kommen.
  Der pathologische Rausch ist zeitlich befristet (bis zu 2 Stunden) und endet in einem Terminalschlaf.
  Für die Dauer des Rausches besteht eine totale Amnesie.
  Wie beim komplizierten Rausch tritt ein pathologischer Rausch vor allem bei Menschen mit einer alkohol- oder toxisch bedingten hirnorganischen Vorschädigung auf.

? ***Frage:*** *Eine 35jährige Frau fährt gegen 21 Uhr von einem Betriebsfest nachhause. Beim Wenden in einer Straße fährt sie gegen mehrere parkende Wagen, entzieht sich aber zunächst der Überprüfung durch die Polizei.*
Als die Polizei eine Stunde später in der Wohnung der Frau eintrifft, behauptet diese, sich an die zurückliegenden Ereignisse nicht erinnern zu können. Bei der Alkoholkontrolle ergibt sich ein Blut-Alkohol-Wert von 1,8 Promille.
— Besteht Schuldfähigkeit?

✔ **Antwort:** Strafrechtlich ist neben dem Promillewert der psychopathologische Befund zum Zeitpunkt der Tat ausschlaggebend. Hierfür ist es wichtig, gutachterlich zu klären, welche Form des Rausches vorliegt.

Im allgemeinen ist beim einfachen Rausch Schuldfähigkeit gegeben, während beim pathologischen Rausch meist Schuldunfähigkeit vorliegt. Im Falle eines komplizierten Rausches ist eine verminderte oder aufgehobene Schuldfähigkeit anzunehmen.

Wenn die gutachterliche Untersuchung eine sonst normale Alkoholverträglichkeit feststellt und die Patientin auf dem Fest ein – bezogen auf den Promillewert – unauffälliges Verhalten zeigte, wird man einen einfachen Rausch annehmen müssen. Die Frau ist dann als schuldfähig anzusehen.

? ***Frage:*** *Welche neurologischen Symptome können Ihnen Hinweise auf eine Alkoholabhängikeit geben?*

✔ **Antwort:** Bei Alkoholabhängigen können folgende neurologische Störungen auftreten:

- Reflexausfälle, hervorgerufen durch eine alkoholbedingte Polyneuopathie,
- verwaschene Sprache, Tremor, Nystagmus, Ataxie und Koordinationsstörungen, bedingt durch eine zerebelläre Atrophie und
- epileptische Entzugsanfälle.

? *Frage: Eine Mutter kommt mit ihrer 15-jährigen Tochter in Ihre Praxis.*
Die Mutter berichtet, daß sie sich Sorgen mache, da ihre Tochter immer weniger esse. Sie habe im letzten halben Jahr schon über sieben Kilo abgenommen.
— An welche Krankheitsbilder müssen Sie differential-diagnostisch denken?

✔ **Antwort:** Die geschilderte Symptomatik kann auf eine körperliche Erkrankung, Drogenabhängigkeit oder eine Erkrankung mit neurotischer Grundlage (*Anorexia Nervosa*) hinweisen.

Nur ein einfühlendes ärztliches Gespräch ohne die Mutter und eine eingehende körperliche Untersuchung können zur Aufdeckung der Problematik führen.

? *Frage: Die Anzahl der Herointoten in Deutschland hat im letzten Jahr ihr bisheriges Maximum erreicht.*
— Können Sie die klinischen Symptome bei Heroinabhängigkeit beschreiben?

✔ **Antwort:** Heroin gehört in die Gruppe der Opioide.

Opioide besitzen analgetische, hypnogene und euphorisierende Wirkung.

Heroin wirkt sedierend, euphorisierend und vegetativ dämpfend. Es kommt zu einer raschen Toleranzentwicklung und Dosissteigerung.

Das Stadium der chronischen Intoxikation ist geprägt von den parasympathikotonen Wirkungen: Miosis, Blutdruckabfall, Obstipation, Ataxie und Gewichtsabnahme bis zur Kachexie. Besonders gefährlich ist eine Atemdepression, da der zentrale Atemreflex gehemmt und ein Sauerstoffmangel nicht bemerkt wird.

Psychisch imponieren Leistungsabfall, Affektlabilität und eine Antriebsverminderung.

Die Entzugserscheinungen sind eine Umkehr der parasympathischen Wirkungen: Tachykardie, Spasmen, Durchfälle, Schmerzen, Frieren, Unruhe, Angst und Mißstimmung.

Die Entzugssymptomatik kann Monate andauern.

Fallgeschichte

Ein 48jähriger Mann wird mit dem Notarztwagen zu Ihnen in die Ambulanz gebracht.

Der Mann ist räumlich und zeitlich nicht orientiert. Er ist auch nicht in der Lage, auf Ihre Fragen zu antworten, sondern erzählt immer wieder von seinen Bekannten, die er eben im Auto gesehen habe. Der Mann ist psychomotorisch unruhig. Sein Hemd ist durchgeschwitzt und seine Hände zittern.

Sie befragen die begleitende Ehefrau zur Vorgeschichte.

Fremdanamnese

Die Frau erzählt, daß vom Vater ihres Mannes eine langjährige Alkoholanamnese bekannnt sei. Bei der Mutter seien depressive Verstimmungszustände aufgetreten, die aber nicht ärztlich behandelt wurden.

In den ersten Jahren ihrer Ehe habe der Alkoholkonsum ihres Mannes zunächst das übliche Maß nicht überschritten.

Seit einigen Jahren trinke er aber immer mehr. Im letzten Jahr sei er des öfteren unfähig, zur Arbeit zu gehen, da er schon morgens betrunken sei. Ihr Mann sei von Beruf Lagerarbeiter. Sie habe Angst, daß sie ihn in der Firma kündigen würden. Dann sehe ihre finanzielle Situation ganz schwarz aus. Schon jetzt müßten sie jeden Pfennig umdrehen. Ihr Mann habe sogar Möbel und Geräte versetzt und Kredite aufgenommen, nur um weiter trinken zu können.

In letzter Zeit sei er manchmal tagelang betrunken gewesen und neige jetzt auch zu aggressiven Handlungen, weswegen sie und die Kinder ihm immer mehr aus dem Weg gingen.

Auch auf sexuellem Gebiet klappe es nicht mehr. Wenn ihr Mann sexuelle Beziehungen aufnehmen wolle, weise sie ihn jetzt regelmäßig zurück. Er sei dann meist angetrunken und zeige überhaupt keine Zärtlichkeit mehr.

Ihr Mann sei wegen ihrer Zurückweisungen in der letzten Zeit zunehmend mißtrauisch geworden. Er beschuldige sie, anstatt zur Arbeit zu gehen, einen Liebhaber zu besuchen. Während dieser Auseinandersetzungen sei es schon häufiger vorgekommen, daß ihr Mann sie schlage.

Ihr Mann sei inzwischen von ihrer Untreue so felsenfest überzeugt, daß es überhaupt keinen Sinn mehr habe, ihn von seinen Vermutungen abbringen zu wollen. Trotz allem wolle sie ihn nicht im Stich lassen.

Heute abend sei er nach einem Streitgespräch plötzlich nicht mehr ansprechbar gewesen, habe stark geschwitzt und am ganzen Körper gezittert. Daraufhin habe sie den Notarztwagen gerufen, der ihren Mann hier in die Klinik gebracht hat.

? **Frage:** *Welche Verdachtsdiagnose stellen Sie anhand der Anamnese und des geschilderten klinischen Bildes?*

✔ **Antwort:** Die langjährige Alkoholanamnese und das klinische Bild mit Desorientierung, illusionärer Verkennung (das Krankenwagenpersonal wird für Freunde des Kranken gehalten), psychomotorischer Unruhe und vegetativen Regulationsstörungen läßt an das Vorliegen eines *Alkoholdelirs* denken.

? **Frage:** *Welche Form des Delirs liegt im geschilderten Fall vor?*

✔ **Antwort:** Das Delir tritt hier während fortgesetzten Trinkens auf. Man spricht in diesem Fall von einem *Kontinuitätsdelir.*

Daneben kann angenommen werden, daß für die Auslösung des Delirs auch die seelische Belastung (Streit mit der Ehefrau) eine Rolle gespielt hat.

Wenn seelische Belastungen oder körperliche Erkrankungen ein Delir provozieren, spricht man von einem Gelegenheitsdelir.

? **Frage:** *Können Sie uns erklären, warum bei Alkoholikern Eifersuchtsvorstellungen häufig anzutreffen sind?*

✔ **Antwort:** Der sogenannte Eifersuchtswahn läßt sich zum einen aus der Lebenssituation der Alkoholiker verstehen:

das gestörte Verhältnis zur Umwelt, die Schuldgefühle der Kranken und die Vorwürfe der Ehepartnerin.

Zum anderen besteht häufig eine durch den Alkoholismus bedingte Potenzstörung, der normale bis gesteigerte sexuelle Wünsche gegenüberstehen.

Die bestehenden Minderwertigkeits- und Schuldgefühle werden von den Alkoholikern in dem Sinne abgewehrt, daß sie die „Schuld" im Verhalten der Partnerin suchen und so sich selbst einer Verantwortung entziehen.

? **Frage:** *Wie behandeln Sie sein Delir?*

✔ **Antwort:** Mittel der Wahl ist Clomethiazol (Distraneurin®).

Die Behandlung eines Delirs muß immer stationär erfolgen, um eine intensive Überwachung der Vitalfunktionen zu gewährleisten.

Bei leichten bis mittelschweren Delirien erfolgt die Behandlung oral: 2-3 Tabletten à 500 mg alle 3-6 Stunden bis zum Abklingen der deliranten Symptomatik.

Bei schweren Delirien muß eine Infusionstherapie mit einer 0,8% Clomethiazol-Lösung eingeleitet werden. Diese wird so dosiert, daß die PatientIn in einem Schlafzustand gehalten wird, aus dem sie gerade noch erweckbar ist ("*Überschlafen des Delirs*"). Bei Besserung der Symptomatik erfolgt eine Reduktion der Infusionsmenge und die Umstellung auf eine orale Medikation.

Ein mit Distraneurin behandeltes Delir dauert meist 2-3 Tage, da es jedoch nicht abrupt abgesetzt werden kann, dauert die Therapie meist ca. eine Woche.

Bei intravenöser Gabe kann es zu lebensbedrohlicher Atemdepression und Blutdruckabfall kommen, weshalb eine engmaschige Überwachung erforderlich ist (Monitor).

? **Frage:** *Wie lange dürfen Sie den Patienten mit Clomethiazol behandeln?*

✔ **Antwort:** Da Clomethiazol selber ein Abhängigkeitspotential besitzt, darf die Behandlungsdauer zwei Wochen nicht überschreiten.

? **Frage:** *Der Patient wird 3 Tage mit Clomethiazol behandelt. Darunter nehmen die körperlichen Entzugserscheinungen ab und der Patient ist wieder ansprechbar. Anschließend wird über 4 Tage ausgeschlichen.*
Er berichtet aber über „schwarze Tiere", die überall im Zimmer, auf seinem Bett und auch unter der Bettdecke herumliefen. Manchmal meint er, in der Kneipe zu sein und hält die chromglänzenden Wasserhähne für einen Teil der Zapfanlage.
— Wie bezeichnen Sie das Phänomen, daß der Patient die Wasserhähne für einen Teil der Zapfanlage hält?

✔ **Antwort:** Es handelt sich um eine illusionäre Verkennung.

Illusionen sind verfälschte Wahrnehmungen, bei denen ein Gegenstand für etwas anderes gehalten wird, als er tatsächlich ist. Gründe für das Auftreten der illusionären Verkennung sind das noch getrübte Bewußtsein und die starke Affektspannung des Patienten.

? ***Frage:** Nach 4 Tagen verschwinden auch diese Erscheinungen. Der Patient ist räumlich, örtlich, zeitlich und zur Person voll orientiert.*
— Wie setzen Sie die Behandlung des Patienten fort?

✔ **Antwort:** Die ÄrztIn muß versuchen, den Patienten von der Notwendigkeit einer längerfristigen Behandlung zu überzeugen.
Wenn der Behandlungswille gefestigt ist (auf keinen Fall den Patienten zu einer Therapie überreden!), folgt zunächst die ca. zweiwöchige stationäre Entgiftung.

An die Entgiftungsphase schließt sich eine ungefähr halbjährige Entwöhnungsphase an – am besten in einer Spezialklinik.

Nach einer erfolgreichen Entwöhnung bedarf der nun trockene Alkoholiker auch weiterhin der Hilfe von außen. In dieser Nachsorgephase übernehmen vor allem Institutionen wie Selbsthilfegruppen und Beratungsstellen die Aufgabe, die Kranken zu stützen, um eine Rückfallgefahr zu mindern.

5. Neurosen und Persönlichkeitsstörungen

5.1 Grundlagen und Ursachen der Neurosen

Bem.: Auf eine Darstellung neuerer Theorien kann im Rahmen dieses am GK orientierten Kapitels nicht eingegangen werden.
Die psychotherapeutischen Verfahren werden in Kapitel 11 gesondert behandelt. Hier sind nur die notwendigen Hinweise auf die wichtigsten Verfahren enthalten.

? *Frage: Jeder Mensch muß in seiner Entwicklung Konflikte verarbeiten und lösen. — Wie entstehen solche Konflikte?*

✔ **Antwort:** Alle Menschen haben bestimmte Bedürfnisse nach Sexualität, Besitz, Nahrung, Genuß und menschlicher Nähe.

Wenn diese vitalen Strebungen nicht befriedigt werden, entstehen Unlustgefühle (*Frustrationen*).

Häufig stehen den Bedürfnissen gesellschaftliche Normen gegenüber, zum Beispiel bei sexuellen Triebwünschen. Die Unvereinbarkeit beider Kräfte führt zu einem persönlichen *Konflikt*.

Eine allgemeine Definition des Konfliktes stammt von *Lewin*:
Konflikt ist eine Situation, in welcher in einem Individuum einander entgegengesetzte Kräfte von annähernd gleicher Stärke zur gleichen Zeit aktiviert sind.

? *Frage: Nennen Sie typische Situationen in der Entwicklung eines Menschen, die Konflikte hervorrufen.*

✔ **Antwort:** Konflikte können im Kindesalter zwischen den Anforderungen der Eltern und den eigenen Triebwünschen bestehen. Zum Beispiel entsteht für das Kind ein Konflikt, wenn es nicht mehr in die Windeln machen darf, sondern von einem bestimmten Zeitpunkt an seinen Stuhlgang regulieren soll.

Im Jugendalter ist die Ablösung vom Elternhaus oft von zwiespältigen Gefühlen begleitet. "*Einerseits möchte ich mehr Freiheit gewinnen, auf der anderen Seite fürchte ich den Verlust der familiären Sicherheit.*"

? *Frage: Kennen Sie die beiden grundlegenden Formen des Konfliktes?*

✔ **Antwort:** Man unterscheidet zwischen *Appetenz-Aversions-Konflikt* und *Appetenz-Appetenz-Konflikt.*

Beim Appetenz-Aversions-Konflikt stehen zwei entgegengerichtete Strebungen nebeneinander.

Eine besondere Form des Appetenz-Aversions-Konfliktes stellen die sogenannten Versuchungs-Versagungs-Situationen dar. "*Ich bin versucht, etwas Ver-*

botenes zu tun, fürchte mich aber vor Strafen und verzichte deshalb auf die Tat."

Wenn zwei Strebungen gleich stark gewünscht werden, spricht man von Appetenz-Appetenz-Konflikt. Ein solcher Konflikt besteht zum Beispiel dann, wenn beruflicher Erfolg und Fürsorge für die Familie vereinbart werden sollen.

? ***Frage:** Wie löst ein Mensch normalerweise diese Konflikte auf?*

✔ **Antwort:** Er muß lernen, mit den Frustrationen zu leben, die durch seine Konflikte hervorgerufen werden können.

Er muß eine Frustrationstoleranz entwickeln oder lernen, die aus den Konflikten entstehenden Aggressionen auf ein sinnvolles Ziel zu lenken.

Wenn der Mensch keine Möglichkeit sieht, sein gewünschtes (Trieb-)Ziel zu erreichen, kann er sich ein ähnliches, aber leichter zu erreichendes Ziel suchen. Man spricht in diesem Fall von einer *Verschiebung* der Triebenergie.

Tritt an die Stelle des primären Triebzieles ein sozial oder ethisch höher stehendes Ziel, spricht man von *Sublimierung* des Triebes. Dies ist zum Beispiel der Fall, wenn das Bedürfnis nach Liebe in eine soziale oder pädagogische Tätigkeit umgewandelt wird.

Alle diese – meist unbewußten- Mechanismen sind normal in unserer Gesellschaft. Sie erhalten die psychische und emotionale Belastbarkeit jedes Menschen.

? ***Frage:** Wenn der Konflikt nicht mehr auf normale Art und Weise verarbeitet werden kann, welche Möglichkeiten gibt es dann, den Konflikt abzuwehren?*

✔ **Antwort:** Für den Menschen gibt es zahlreiche Möglichkeiten, die Konflikte, die seine normale Anpassungsfähigkeit übersteigen, zu verarbeiten und abzuwehren.

Häufig beobachtete Abwehrmechanismen sind:

Verdrängung. Sehr oft versucht der Mensch, den unangenehmen Triebanspruch in den unbewußten Teil der eigenen Psyche zu verdrängen.
Dort ist er aber weiter (unbewußt) wirksam und kann sich in neurotischen Symptomen, das heißt in körperlichen oder seelischen Gesundheitsstörungen äußern. Das Gleiche gilt auch für alle anderen hier aufgeführten Mechanismen.

Projektion. Da die eigenen Vorstellungen oder Wünsche nicht akzeptiert werden können, werden sie auf eine andere Person übertragen und dort wahrgenommen.
„Ich bin nicht zufrieden mit deiner Leistung" – obwohl eigentlich *meine* eigene Leistung objektiv schlecht ist!

Konversion. Die verdrängten Konflikte äußern sich in körperlichen Symptomen.
„Ich kann mich nicht bewegen, du mußt mir helfen" – obwohl du eigentlich nichts von mir wissen willst!

Rationalisierung. Die Gefühle oder Gedanken, deren Ursachen unbewußt sind, werden intellektuell, „logisch" erklärt.
„Ich würde mich gern mit dir beschäftigen, aber mein Beruf beansprucht mich zu sehr" – obwohl ich eigentlich nicht mehr viel für dich empfinde!

Vermeidung. Es wird versucht, den Situationen aus dem Weg zu gehen, die als unangenehm oder gefährlich erlebt werden.
„Ich schlafe besser nicht ein, weil dann mein Herz versagen könnte" – obwohl mir noch nie etwas passiert ist! (herzphobisch Kranker)

Wendung ins Gegenteil. Der eigentliche Triebwunsch oder die durch Versagung des Triebes entstandene Aggression wird umgewandelt. Haß wird zum Beispiel zu übertriebener Fürsorglichkeit.
„Ich muß immer für mein Kind da sein und es immer beschützen" – obwohl ich das Kind nie gewollt habe!

? *Frage: Freud hat die psychosexuelle Entwicklung in einem Modell zusammengefaßt.*
— Welche vier Stufen der Entwicklung sind dort beschrieben?

✔ **Antwort:** Der Mensch durchläuft bei seiner persönlichen Entwicklung vier große Phasen, die einen jeweils neuen Aspekt der Welt erschließen. Diese Phasen werden nach dem das kindliche Interesse bestimmenden Feld benannt.

- Im ersten Lebensjahr ist der Mund die empfindlichste Region. Die Nahrungsaufnahme und die Erfahrung der Umwelt durch den Mund sind die wichtigsten Vorgänge für den Säugling. Dieser Abschnitt wird die *orale Phase* genannt.
- Bis zum dritten Lebensjahr stehen die Ausscheidungsvorgänge im Vordergrund. Das ist die sogenannte *anale Phase.*
- Zu Beginn des vierten Lebensjahres entdeckt das Kind seine Sexualität. Diese *infantil-genitale Phase* wird auch phallische oder *ödipale Phase* genannt.
- Ab dem siebten Lebensjahr folgt die *Latenzphase,* die sich bis zum 11. Lebensjahr, dem Eintritt in die Pubertät, erstreckt. Die psychosexuelle Entwicklung ruht währenddessen.
- In der Pubertät und der darauffolgenden Adoleszenz wird die körperliche Reifung abgeschlossen. Die psychische Entwicklung kann dagegen noch lange weitergehen. Diese Phase bezeichnet man als *genitale Phase.*

? *Frage: In der Theorie S. Freuds gibt es noch weitere zentrale Begriffe. Erklären Sie mir diese.*

Bem.: Versichere dich erst einmal genauer, was die PrüferIn meint. Wenn man ihr signalisiert, daß man die Frage verstanden hat, zeigt das doch zumindestens, daß einem das Thema nicht fremd ist.

✔ **Antwort:** Die Energie, die das Interesse an den Objekten der äußeren Welt steuert, wird *Libido* genannt. Diese Triebenergie bestimmt in den ersten Lebensmonaten das Verhalten des Kindes.

Bis zur Pubertät orientiert sich das Kind hauptsächlich an seinen Eltern. Sie dienen ihm als Vorbild, ihre Normen werden zuerst akzeptiert und werden zum ÜBER-ICH des Kindes.

Die bis dahin das Verhalten bestimmenden Triebe, das sogenannte ES, werden nun von der Instanz des ÜBER-ICHs kontrolliert. In diesem Spannungsfeld muß das Kind seine eigenen Entscheidungen treffen, ein eigenes ICH ausbilden.

? *Frage: Welche Bedeutung hat der sogenannte Ödipus-Komplex nach Freud in der psychosexuellen Entwicklung?*

✔ **Antwort:** Die Libido führt den Säugling zuerst in eine Hinwendung zu sich selbst, es ist sich selbst das einzige Liebesobjekt, die eigenen Bedürfnisse stehen alleine im Vordergrund. Bei der Bedürfnisbefriedigung spielt die Mutter natürlich eine entscheidende Rolle, doch wird sie vom Säugling nicht als getrenntes Individuum wahrgenommen.

Dies wird **primärer Narzismus** genannt.

Später sind die Eltern das Objekt der kindlichen Libido, es kommt zu einem Konflikt zwischen dem Bedürfnis der Abwehr und dem Wunsch nach Übernahme der elterlichen Rollen. Dies ist der sogenannte *Ödipus-Konflikt.*

In der klassischen positiven Form des Ödipus-Konflikts konkurriert der Junge mit dem Vater bzw. das Mädchen mit der Mutter um das jeweilige andere Elternteil. (In der negativen Form konkurrieren die Kinder mit dem gegengeschlechtlichen Elternteil). Das Kind muß aber schließlich die Unmöglichkeit seines Verlangens einsehen und sein Interesse an der Mutter oder dem Vater auf ein realisierbares Maß beschränken.

Wenn es dem Kind nicht gelingt, diese „Objektbeziehung“ zu entwickeln, fällt seine Libido wieder auf ihn selbst zurück. Es hat nicht gelernt, andere Menschen zu lieben, sondern liebt sich selbst am meisten.

Das ist der sogenannte **sekundäre Narzißmus.**

Bem.: Narziß, ein griechischer Jüngling, verliebte sich in sein eigenes Spiegelbild, von dem er sich nicht mehr losreißen konnte.

? *Frage: Welche wichtigen menschlichen Eigenschaften werden in den verschiedenen Phasen des psychoanalytischen Entwicklungsmodells ausgeprägt?*

✔ **Antwort:** In der **oralen** Phase, die von der Geburt bis zum Ende des ersten Lebensjahres reicht, werden das Urvertrauen und die Wahrnehmung, sowie die Unterscheidung von Selbst und Nicht-Selbst gebildet.

Die spätere grundlegende Trenunngstoleranz bzw. -empfindlichkeit, aber auch Besitzgier oder Eßlust, sollen hier geprägt werden.

In der **analen Phase,** sie dauert vom Ende des ersten bis zum Ende des dritten Lebensjahres, steht das Erlangen der Körperbeherrschung im Vordergrund. Stehen, gehen und sprechen sind die Fähigkeiten, die das Kind in dieser Phase erlernen muß.

Auch die Sphinkterkontrolle für die willkürliche Defäkation muß erlernt werden. Der kindliche Wille steht jetzt oft im Gegensatz zum elterlichen Willen.
In dieser Polarität sind Verhalten und Werte angeordnet: Ordnung und Unordnung, Selbstbestimmung und Fremdbestimmung, Selbstbeherrschung und Sich-Gehen-lassen sind Eigenschaften, die jetzt ausgebildet werden. Sie prägen das Kind mehr nach der einen oder der anderen Seite.

Die **phallische Phase,** auch infantil-genitale oder ödipale Phase genannt, erstreckt sich vom dritten bis zum fünften Lebensjahr. Die Identifizierung mit den Eltern, die die späteren (Sexual-) Partner symbolisieren, führt zur Bildung von Gewissen und Ideal-Selbst. Das ist das Wunschbild der Eigenschaften, die man selber besitzen möchte. In dieser Phase wird die sexuelle Rollenfindung entscheidend geprägt.

Pubertät und Adoleszenz bilden die **genitale Phase.** Die eigene Persönlichkeit soll sich in dieser Phase ausformen können, ohne daß die Eltern eine ständige Kontrolle ausüben.
Vor allem die Ablösung vom Elternhaus, Ehe und Beruf sind häufig Auslöser für bis dahin nicht bewältigten Persönlichkeitskonflikte.

? *Frage: Kennen Sie auch andere Ansätze, die Entstehung von Neurosen zu erklären?*

✔ **Antwort:** Die *lerntheoretischen Modelle* betonen den Aspekt des Lernens typischer Verhaltensmuster, die zur Vermeidung innerer Spannungen benutzt werden.
Über eine *Konditionierung* verfestigen sich diese Muster und werden zu „falschen Gewohnheiten". Diese bilden die neurotischen Symptome.

? *Frage: Wie lassen sich Neurosen und Psychosen voneinander abgrenzen?*

✔ **Antwort:** Der entscheidende Unterschied ist, daß die Persönlichkeit eines neurotisch gestörten Menschen intellektuell und vital unbeeinträchtigt ist. Die PsychotikerIn ist dagegen vital beeinträchtigt und zeigt deutliche intellektuelle Störungen.

Ein neurotischer Mensch besitzt eine ungestörte Wahrnehmung der äußeren Realität und kann sich deshalb gut in seine Umwelt integrieren. Seine Krankheit ist häufig nur für ihn selber sichtbar.

Wenn eine Verhaltensbeeinträchtigung auffällig wird, liegt diese oft innerhalb der sozial akzeptierten Grenzen.

Ein psychotischer Mensch hat in der akuten Krankheitsphase immer eine erhebliche Störung seines Realitätsbezuges. Die Einsicht in seine Krankheit und die Fähigkeit, einige der üblichen Lebensanforderungen zu erfüllen, sind grundlegend gestört.

? *Frage: Es wird häufig gesagt, daß doch fast jeder Mensch etwas neurotisch sei. — Wie schätzen Sie das Vorkommen von Neurosen in der Bevölkerung ein?*

✔ **Antwort:** Untersuchungen in einer allgemeinärztlichen Praxis haben ergeben, daß ca. 10% aller PatientInnen neurotisch sind.

Männer sind dabei nur halb so oft betroffen wie Frauen.

In der Literatur gibt es oft sehr viel höhere Angaben über das Vorkommen neurotischer Störungen in der Gesamtbevölkerung. Es wird von 60-80% gesprochen. Hierbei sind aber nicht nur Neurosen, sondern auch psychische und psychosomatische Beschwerden aller Art mitgezählt worden. Diese Störungen sind nicht so ausgeprägt, als daß diese Menschen als psychisch krank bezeichnet werden können.

Unter den behandlungsbedürftigen psychisch Kranken machen die neurotischen PatientInnen ungefähr zwei Drittel aus.

Am häufigsten sind Neurosen im mittleren Lebensalter anzutreffen.

Bem.: Diese Antwort zeigt deutlich, wie wichtig für jede ÄrztIn das Wissen um psychische Erkrankungen ist. Leicht führen Vorurteile und mangelnde Kenntnisse zu falschen (somatischen) Diagnosen, obwohl eine psychotherapeutische Behandlung eher angezeigt wäre.

? ***Frage:** Sind frühkindliche Konflikte die einzigen Ursachen, die eine neurotische Entwicklung auslösen können?*

✔ **Antwort:** Schon die Vielfalt der neurotischen Krankheitsbilder weist darauf hin, daß hier viele Faktoren beteiligt sind.

Sigmund Freud und vor allem Alfred Adler maßen den genetischen, konstitutionellen Faktoren große Bedeutung bei der Entstehung von Neurosen bei.

- Nachweisbare *hirnorganische Ursachen* für eine neurotische Entwicklung sind bisher nicht gefunden wurden. Hirnorganische Störungen können allerdings die Entstehung von Neurosen begünstigen.
- *Soziale Faktoren* spielen ebenfalls eine Rolle, obgleich diese allein sicher nicht ausreichen, eine Neurose auszulösen.
- Sehr wichtig sind *emotionale Belastungen*, vor allem dann, wenn sie langanhaltend und tiefgreifend sind. Kurzfristige Belastungen in Krisenzeiten, z. B. Krieg oder ein heftiger Streit, führen selten zu schwerwiegenden seelischen Störungen.

Fallgeschichte

Eine Frau in den mittleren Jahren ist im Bekanntenkreis als schlechte Esserin bekannt, aber auch dafür, daß sie ständig darüber lamentiert, wie dick sie doch sei. Daher müsse sie auf so vieles verzichten. Sie wiegt bei einer Größe von 1,70 m nur noch 45 kg.

Wenn man versucht, mit ihr zu diskutiern, und sagt, daß sie doch völlig normalgewichtig, wenn nicht untergewichtig, sei, geht sie nicht weiter darauf ein.

In ihrem sonstigen Verhalten ist die Frau sehr affektlabil, das heißt sie kann in einem Moment lustig und vergnügt sein, im nächsten Moment ist sie wieder sehr traurig und kaum aufzuheitern.

Daneben erwartet sie stets, daß die anderen ihr Beachtung schenken, auf sie Rücksicht nehmen und ihre Beschwerden nicht ignorieren.

Die Frau lebt allein im Hause ihrer Mutter, zu der sie bekanntermaßen eine enge Bindung hat. Engere Freundschaften, insbesonders zu Männern, hat sie keine. Der einzige Mann, zu dem sie näheren Kontakt hat, ist ihr Bruder, mit dem sie sich an jedem Wochenende bei ihrer gemeinsamen Mutter trifft.

? ***Frage:** Wie erklären Sie sich das Verhalten der Frau und wie können Sie Ihre Verdachtsdiagnose sichern?*

✔ **Antwort:** Hier liegt eine neurotische Fehlhaltung zugrunde. Wahrscheinlich handelt es sich um eine gering ausgeprägte Anorexia Nervosa, eine krankhafte Magersucht.

Die Patientin demonstriert ihr Leiden so auffällig, daß man eine hysterische Persönlichkeitsstruktur bei ihr vermuten kann.

Das diagnostische Vorgehen sollte folgendermaßen ablaufen:

In einem intensiven persönlichen Gespräch sollte die Anamnese und der psychische Befund erhoben werden.

In der allgemein-körperlichen und neurologischen Untersuchung muß eine körperliche Ursache für das Untergewicht der Patientin ausgeschlossen werden.

Die Schilderung der Patientin gibt einen Hinweis auf die mögliche Ursache ihrer Eßstörung. Die unvollständige Ablösung vom Elternhaus, insbesondere von der Mutter, zeigt die mangelnde Bereitschaft, erwachsen und selbstständig zu werden. So wird die neurotische Symptomatik aufrechterhalten.

? ***Frage:*** *Welchen persönlichen Gewinn zieht die Frau aus ihrem Verhalten?*

✔ **Antwort:** Die Patientin verdrängt den für sie unangenehmen Konflikt in den unbewußten Teil ihrer Psyche. Dort ist er weiterhin wirksam und führt zu ihrer neurotischen Fehlhaltung. Diese stellt für die Patientin eine Erleichterung dar, weil der primäre Konflikt für sie nicht mehr sichtbar ist. Man bezeichnet das als den *primären Krankheitsgewinn.*

Die Aufmerksamkeit und Rücksichtsnahme, die sie durch ihre „Krankheit" in der Umgebung erfährt, wird *sekundärer Krankheitsgewinn* genannt.

? ***Frage:*** *Welche therapeutischen Ansätze bieten sich an?*
— Mit welchen Schwierigkeiten müssen Sie bei der Therapie rechnen?

✔ **Antwort:** Die wichtigste Behandlungsform einer Neurose ist eine Psychotherapie, die auf die Ursache der neurotischen Störung eingeht. Im Beispiel wäre auch eine Familientherapie denkbar, bei der alle Familienmitglieder in die Behandlung eingeschlossen werden.

Schwierigkeiten kann der Widerstand der Patientin bieten, sich den zugrunde liegenden Konflikt wieder bewußt zu machen. Sie muß, um eine Therapie zu ermöglichen, die Vorteile aufgeben, die sie durch ihren Krankheitsgewinn hat.

Die Voraussetzung für eine erfolgreiche Behandlung ist, daß der Leidensdruck, also der Druck durch den ursprünglichen Konflikt, groß genug ist. Wenn dagegen der Krankheitsgewinn durch das neurotische Verhalten dominiert, kann eine Therapie nahezu unmöglich werden.

? ***Frage:*** *Wie könnte der weitere Krankheitsverlauf aussehen?*

✔ **Antwort:** Der Verlauf einer neurotischen Erkrankung ist stark von der Persönlichkeitsstruktur und der Umweltsituation der Kranken abhängig. Kurzfristige Besserungen sind selten.

Die Patientin ist in den mittleren Jahren. Die neurotische Symptomatik besteht also schon länger und auch die Beziehung zur Mutter scheint sehr eingefahren zu sein. Die Prognose ist in diesem Fall schlecht, das heißt, einer Bearbeitung ihrer Konflikte wird die Patientin großen Widerstand entgegensetzen.

Auch ein Symptomwechsel ist möglich, das heißt die ursprüngliche Symptomatik geht in eine andere neurotische Symptomatik über. Die Patientin könnte ihre Anorexie aufgeben und dafür eine andere neurotische Symptomatik oder eine Medikamentenabhängigkeit entwickeln.

5.2 Therapeutische Ansätze

? *Frage: Welche grundsätzlichen Behandlungsformen der Neurosen kennen Sie?*

✔ **Antwort:** Die wichtigste Form der Therapie ist die **Psychotherapie**.

Wie die Erklärungsmodelle, so unterscheiden sich auch die Behandlungsverfahren der psychodynamischen und der lerntheoretischen Ansätze.

- In der *analytischen Psychotherapie* wird nicht das Symptom behandelt, sondern es wird versucht, den ursprünglich auslösenden Konflikt aus dem Unbewußten zu reaktivieren und zu einer akzeptablen Lösung zu führen.
- In der *Verhaltenstherapie* zielt die Behandlung darauf ab, da keine tiefendynamischen Prozesse als Auslöser akzeptiert werden, die neurotischen Symptome wieder zu verlernen.

? *Frage: Ist eine medikamentöse Therapie neben einer Psychotherapie indiziert?*

✔ **Antwort:** In manchen Fällen ist eine unterstützende, medikamentöse Therapie sinnvoll.

- Bei starker neurotischer Angst oder schweren Zwangssymptomen kann die Gabe eines angstlösenden (ß-Blocker) oder thymoleptischen Medikaments erst den Zugang zur PatientIn ermöglichen.
- Bei suizidalen Patientinnen kann ein Tranquilizer die Situation für die PatientInnen entschärfen und damit die Fortsetzung der Psychotherapie ermöglichen.

Im allgemeinen hat aber die Psychotherapie Vorrang vor einer medikametösen Behandlung, da nur von ihr die ursächlichen Konflikte aufgegriffen und gelöst werden können.

? *Frage: Nennen Sie ein Beispiel für die Mechanismen der Übertragung bzw. Gegenübertragung bei der analytischen Psychotherapie.*

✔ **Antwort:** **Übertragung** ist im engeren Sinne die Wiederaufnahme früherer emotionaler Beziehungen aus der Kindheit oder einer späteren Entwicklungsphase in aktuelle zwischenmenschliche Beziehungen. Durch die Übertragung auf die TherapeutIn bietet sich die Möglichkeit, unbewältigt gebliebene Konflikte erneut aufzugreifen und durchzuarbeiten.

Gegenübertragung ist der Versuch der TherapeutIn, ihre ganz persönlichen Haltungen und Meinungen ebenfalls auf die PatientIn zu übertragen. Da das den Therapieerfolg verhindern kann, muß die TherapeutIn die Gegenübertragung bewußt erkennen und möglichst vermeiden.

Ein Beispiel:
Eine Frau ist seit mehreren Jahren in psychotherapeutischer Behandlung. Sie wollte eigentlich in der Therapie erklären, daß sie von ihren Eltern gehindert worden sei, ihre Gefühle offen zu äußern. Mehrere Versuche der Patientin, darüber zu sprechen, werdem vom Therapeuten mit der Antwort „Das gehört nicht zur Therapie“ abgewehrt. Dadurch wird der Erfolg der Therapie verhindert

und erst nachdem die Frau den Therapeuten gewechselt hat, konnte sie offen über ihr zentrales Problem sprechen.

? *Frage: Welche Rolle spielt die Regression bei der analytischen Psychotherapie?*

✔ **Antwort:** Durch die **Regression**, also den Rückzug auf eine frühere Entwicklungsstufe, kann ein bis dahin unbewußter und nicht gelöster Konflikt wieder aufgenommen und mit Hilfe der TherapeutIn durchgearbeitet werden.

So soll in der klassischen Psychoanalyse die verspätete Bewältigung des Ödipus-Konfliktes einen neurotischen Menschen in die Lage versetzen, wieder liebesfähig zu werden und seine Neurose endgültig zu überwinden.

Bem.: Regression, also der Rückzug auf eine frühere psychische und emotionale Entwicklungsstufe, kann bei der Entstehung jeder neurotischen Fehlhaltung eine wichtige Rolle spielen, da es der meist vergebliche Versuch des Ausweichens vor einem Konflikt ist.

5.3 Spezielle Neurosenlehre

? *Frage: Welche Symptome sind charakteristisch für eine neurotische Fehlhaltung?*

✔ **Antwort:** Es gibt vier charakteristische Grundsymptome bei einer neurotischen Fehlhaltung:

- Angst,
- Zwang,
- Depression und
- hysterische Zeichen.

Diese Merkmale werden von der PatientIn als krankmachend erlebt. Sie gehören vom Gefühl her nicht zur Persönlichkeit der Kranken.

Eigenschaften, die wesentlich zu ihrer Persönlichkeit gehören, können in einer Neurose ebenfalls betroffen sein. Hemmung, Selbstunsicherheit, emotionale Labilität und Leistungsinsuffizienz sind häufige Begleiterscheinungen der Neurose.

? *Frage: In der Kindheit können Fehlentwicklungen vorkommen, die sich später zu charakteristischen neurotischen Störungen entwickeln.*
— Wenn eine PatientIn als ordnungsliebend, sparsam und sehr eigensinnig beschrieben wird, in welche Phase würden Sie die zugrundeliegende Fehlentwicklung lokalisieren ?

✔ **Antwort:** Die Kombination aus Ordnungsliebe, Sparsamkeit und Eigensinn ist die sogenannte *anankastische Trias* in der Theorie S. Freuds.

Sie deutet auf eine Störung der Persönlichkeitsentwicklung in der analen Phase hin. Die extreme Sauberkeit gleich ordnungsliebend, Selbstbestimmung gleich eigensinnig und Selbstbeherrschung gleich sparsam wurden in der Entwicklung betont und haben sich beim Erwachsenen als neurotische Symptome verselbstständigt.

? *Frage: Die Konversionshysterie ist eine wichtige neurotische Fehlentwicklung.*
— Wie äußert sie sich und wo sind die Ursachen ihrer Entwicklung zu suchen?

Bem.: Hysterie ist ein Wort, das gegenüber der PatientIn vermieden werden sollte, da es leicht mißverstanden wird. Die PatientInnen fühlen sich herabgesetzt und beleidigt.

✔ **Antwort:** Personen mit hysterischen Reaktionen zeigen funktionelle motorische, sensible und sensorische Beeinträchtigungen. Sie haben Lähmungen, Verkrampfungen oder Anästhesien einzelner Körperteile, die sich nicht mit den neurologischen Innervationsmustern decken. Es kann in Extremfällen zu dramatischen „Totstell-Reflexen“ oder „epileptischen Anfällen" kommen. Mit energischem Ansprechen kann man manchmal diese „Simulationen“ unterbrechen. Tatsächlich ist es aber keine Simulation, sondern ein unbewußter Vorgang, in dem verdrängte Konflikte wieder ans Licht kommen.

Die PatientInnen wollen beachtet werden, dazu dient ihnen das (unbewußte) Vorspielen der Krankheit. Sie sind demonstrativ krank und appellieren an ihre Umwelt. Eine Sehstörung kann zum Beispiel andeuten, daß die PatientIn nichts mehr von ihrer Umwelt wissen will.

Die Ursache der Hysterie liegt in der Störung der Entwicklung des Selbstwertgefühls. Dieses wird in der ödipalen Phase geformt, in der auch die Hinwendung zum späteren Sexualpartner geprägt wird.

Ihre Sexualität ist deshalb oft unausgereift und zwiespältig. Sie zeigen starke erotische Gefühle, sind aber oft zur Empfindung von Liebe und Sexualität unfähig und können aus diesem Grund keine tragfähigen Beziehungen aufbauen.

? *Frage: Die Begriffe Symptom- und Charakterneurose beschreiben zwei verschiedene Formen neurotischer Störungen.*
— Können Sie die haupsächlichen Unterschiede beschreiben?

✔ **Antwort:**

- Das wesentliche Kennzeichen einer Symptomneurose ist die spezifische Symptomatik, wie z. B. Angst oder Zwang. Dieses Symptom empfindet die zwangsneurotische PatientIn als Ich-fremd, als nicht zur eigenen Person gehörend.
- Die Charakterneurose äußert sich z. B. in depressiven Reaktionen, die ohne eine herausragende Symptomatik auftreten. Die Störungen werden als Teil der eigenen Persönlichkeit empfunden.

? *Frage: Wie würden Sie die Angst beschreiben, die ein Patient bei einer Phobie empfindet?*
— Worauf bezieht sich seine Angst?

✔ **Antwort:** Angst ist ein qualvolles Gefühl der Einengung, der Beunruhigung und des Ausgesetztseins. Angst betrifft immer den Menschen als Ganzes.

Phobien sind Ängste, die sich auf bestimmte Situationen (z.B. enge Räume bei der Claustrophobie) oder Objekte (z.B. Angst vor harmlosen Tieren) beziehen. Die auslösenden Situationen oder Objekte stehen in keinem Verhältnis zu dem Ausmaß der Angst.

Gleichzeitig besteht eine, zumindest zeitweise, intellektuelle Einsicht in die Unbegründetheit der Befürchtungen.

Um ihre Angst zu beherrschen, versuchen die Betroffenen, angstauslösende Situationen und Objekte zu vermeiden.

? *Frage: Wie unterscheidet sich die neurotische Angst von der Realangst oder der Existenzangst des Menschen.*

✔ **Antwort:**

- *Realangst* ist die Angst bei äußerer Bedrohung oder in gefährlichen Situationen. Der ängstliche Mensch weiß, warum er Angst hat und reagiert dementsprechend mit Flucht, Panik oder Aggression.
- Die *Existenzangst* bezieht sich auf das Leben des Menschen als selbstbewußtes Lebewesen. Ohne Klärung seiner Lebenssituation empfindet er Existenzangst. Der Mensch braucht den Glauben an Gott, die Sicherheit in der Familie oder die Zuwendung eines anderen Menschen, um seine Angst zu verringern.
- Die *neurotische Angst* hat dagegen keine bewußte Ursache. Sie ist eher ein „Warnsignal aus dem Unbewußten", die anzeigt, daß ein Konflikt nicht zufriedenstellend gelöst wurde.

? *Frage: Zwangserscheinungen sind auch im normalen menschlichen Verhalten anzutreffen.*
— Wo liegt die Besonderheit des Zwanges bei einer neurotischen Entgleisung?

✔ **Antwort:** Zwanghaftes Verhalten, wie z.B. das Einhalten einer bestimmten Ordnung oder das ständige Nachsummen einer Melodie, ist nicht leicht aufzugeben. Die Unsinnigkeit ist offensichtlich und das Zwangsverhalten empfindet man als störend.

Auch den ZwangsneurotikernInen erscheint ihr zwanghaftes Verhalten sinnlos und nicht zu ihnen gehörend.

Wenn die PatientInnen dem Zwang aber nicht nachgeben, entsteht Angst. Diese Angst ist so stark, daß es zu immer ausgedehnterem Zwangsverhalten kommt. Der Patient mit einem Waschzwang kann dann kein normales Leben mehr führen, da er sich ständig waschen muß. Die Intensität eines solchen pathologischen Zwangs ist sehr viel stärker als bei gesunden Menschen.

? *Frage: Kennen Sie weitere Krankheiten, bei denen Zwänge eine Rolle spielen?*

✔ **Antwort:** Zwänge treten nicht nur bei der Zwangsneurose auf. Sie sind eine unspezifische Reaktionsweise des Menschen, genauso wie ängstliches oder depressives Verhalten.

Zwänge können bei der anankastischen Depression, einer Form der endogenen Depression, vorkommen. Auch bei Schizophrenien im Anfangsstadium und organischen Psychosen kann zwanghaftes Verhalten im Vordergrund stehen.

? *Frage: Ein 50-jähriger Mann ist schon seit Jahren in ständig wechselnder ärztlicher Behandlung mit ebenfalls ständig wechselnder Problematik. Fast alle somatischen Behandlungen haben keinen andauerndern Erfolg erbracht. Nach kurzer Zeit äußert der Patient jeweils neue Beschwerden.*
Er erzählt, daß seine Mutter auch häufig krank gewesen sei, und daß alle in der Familie Rücksicht auf sie genommen haben. Da er der älteste der Geschwister gewesen sei, habe er zu Hause die meiste

Arbeit machen müssen.
— Wie erklären Sie die hier zugrunde liegende Störung und welche Behandlug würden Sie dem Mann empfehlen?

✔ **Antwort:** Die ständig wechselnde Problematik des Patienten weist nicht auf eine organische, sondern auf eine psychische Ursache der Beschwerden hin, z. B. eine hypochondrische Fehlhaltung. Diese ist natürlich einer organischen Behandlung nicht zugängig.

Seine Beschwerden können auf dem ungelösten Konflikt beruhen, sich als Kind in der Familie benachteiligt gefühlt zu haben.

Da seine Körpersymptome schnell wechseln und keine Gefahr einer Fixierung auf ein bestimmte Symptomatik (z. B. eine Lähmung) besteht, sollte mit einer *konfliktzentrierten Therapie* begonnen werden. In dieser muß zuerst der Krankheitsgewinn einsichtig gemacht werden. Dies stellt die Voraussetzung für eine erfolgreiche psychotherapeutische Behandlung dar.

? ***Frage:** Welche psychischen Mechanismen führen zur Auslösung einer Anorexia Nervosa?*

✔ **Antwort:** Die Patientinnen (zu 90% sind es Frauen) wollen und können sich nicht mit ihrer Geschlechtsrolle identifizieren. Sie lehnen die Rolle der Mutter unbewußt ab, und wenden sich verstärkt ihrem eigenen unweiblichen Körperideal zu. Schwangerschaft und Frau-Sein werden durch Hungern unmöglich gemacht.

Nicht selten werden so Familienprobleme deutlich, die sich – stellvertretend für die übrigen Familienmitglieder – bei der Tochter zeigen.

? ***Frage:** Welche körperlichen Erkrankungen müssen Sie vor der Diagnosestellung „Anorexia nervosa" ausschliessen?*

✔ **Antwort:** Natürlich sind zuerst konsumierende Erkrankungen wie Tuberkulose und Tumore auszuschliessen.

Auch Fehlfunktionen des Verdauungssystems, Maldigestion, Malabsorption und Malassimilation können zu starkem Gewichtsverlust führen.

Daneben können chronische Nieren- und Lebererkrankungen sowie das Sheehan-Syndrom verantwortlich für die Abmagerung sein.

Vor allem bei Männern sind diese Erkrankungen vor der Diagnose einer Anorexie auszuschliessen, da diese Erkrankung bei Männern 20 mal seltener vorkommt als bei Frauen.

Fallgeschichte

Ein junger Mann leidet seit der Pubertät unter starken Errötungsanfällen. Damals sollte er, um seinen Blutdruck zu senken, Sport treiben. In letzter Zeit hat er das Gefühl, sein Herz würde nicht richtig arbeiten und auch seine Lungen wären nicht mehr so leistungsfähig. Eine Untersuchung beim Internisten und eine Ergometrie zeigen keine organischen Befunde. Trotz dieser Ergebnisse nehmen seine Befürchtungen zu, sein Herz könne versagen und so gibt er den Sport auf. Er konzentriert sich mehr auf seine Arbeit, muß aber nach kurzer Zeit wieder in ärztliche Behandlung, da er Magenschmerzen verspürt und ein Magengeschwür als Ursache vermutet. Die vorgenommene Magenspiegelung ist ohne Befund. Der Mann besteht trotzdem auf der Verschreibung von Tabletten, da er sonst nicht weiterarbeiten könne.

? *Frage: Welche charakteristischen Sympome einer neurotischen Fehlhaltung können Sie bei diesem Mann feststellen?*

✔ **Antwort:** Das erste Symptom einer neurotischen Fehlhaltung war die *Erythrophobie*, die Angst vor dem Erröten. Darauf folgten Symptome einer *Herzphobie*, gepaart mit einer hypochondrischen Einstellung seinem Körper gegenüber.

? *Frage: Auf den Vorschlag hin, einmal zu einem Psychiater zu gehen, erwidert er nur, daß dieser seine Zeit besser nutzen könne, als sich mit ihm zu beschäftigen.*
— Wie können Sie sich diese Reaktion erklären?

✔ **Antwort:** Der Patient zeigt unbewußt seinen Widerstand gegenüber einer Behandlung.

Der Patient glaubt von sich, daß er Zeit verschwenden würde, wenn er eine PsychotherapeutIn aufsuche. Deshalb bagatellisiert er seine Beschwerden und projiziert seine Einstellung auf die PsychiaterIn: Mit ihm könne die PsychiaterIn nur Zeit verschwenden.

? *Frage: Da die somatischen Behandlungen keinen Erfolg zeigen, sucht er dann doch einen Nervenarzt auf. Ihm schildert er seine körperlichen Probleme und fragt, ob es dafür eine neurologische Ursache gibt. Der Versuch des Arztes, auf seine persönlichen Verhältnisse einzugehen, wehrt der Patient ab.*
— Wie sieht Ihrer Meinung nach das weitere ärztliche Vorgehen aus?

✔ **Antwort:** Um ein Vertrauensverhältnis zu dem Patienten zu gewinnen, müssen die körperlichen Beschwerden ernstgenommen werden. Es darf deshalb keine somatische Diagnostik versäumt werden. Eine rein somatische Therapie bestärkt den Patienten nur in seiner Auffassung, körperlich krank zu sein. Sie ist deshalb kontraindiziert.

Die psychotherapeutische Behandlung hypochondrischer Beschwerden kann selten den Konflikt lösen, der die Beschwerden verursacht hat. Die Bemühungen des Arztes müssen also dahingehen, die Lebenseinstellung des Kranken zu verbessern und die Leidenssymptomatik in den Hintergrund zu drängen.

5.4 Persönlichkeitsstörungen

? ***Frage:** Können Sie den Unterschied beschreiben, der zwischen einer Neurose und einer Persönlichkeitsstörung angenommen wird?*

✔ **Antwort:** Menschen mit einer *Persönlichkeitsstörung* sind in einzelnen Zügen ihrer Persönlichkeit „abnorm". Sie fallen z.B. als depressive, selbstunsichere oder hyperthyme Menschen auf. Diese Abweichung wird ihrem Charakter zugeschrieben und ihre Enstehung soll auf Erbanlagen beruhen.

Neurotische Menschen sind häufiger in einzelnen Symptomen auffällig. Sie folgen einem Zwang oder haben Angst. Es sind Reaktionen auf ungelöste Konflikte, auf Ereignisse, die von ihrer Umwelt mitbestimmt sind.

Bei neurotischen Menschen sind aber auch angeborene persönliche Züge mitbetroffen und viele Persönlichkeitsstörungen zeigen klinisch-neurotische Symptome, die auf eine Ursache in der Umgebung des Kranken zurückzuführen sind.

Die Konzepte sind also theoretisch unterschieden, in der Praxis gibt es dagegen fließende Übergänge in der Symptomatik und der Erklärung ihrer Ursachen.

? ***Frage:** Die ICD hat verschiedene Persönlichkeitstypen charakterisiert. Nennen und beschreiben Sie drei davon.*

✔ **Antwort:**

- *Asthenische Persönlichkeiten* haben eine subjektiv herabgesetzte Leistungsfähigkeit. Sie sind leicht erschöpfbar und klagen häufig über vegetative Beschwerden. Diese Menschen haben es nicht gelernt, sich mit ihrer Umwelt aktiv auseinanderzusetzen.
- *Schizoide Persönlichkeiten* sind eigensinnige, mißtrauische und verschlossene Menschen. Darüberhinaus sind sie überempfindlich und ecken damit in ihrer Umwelt an. Sie sind wenig erfolgreich und ziehen sich dadurch immer mehr zurück. Sie sind nicht in der Lage, eine tragfähige Objektbeziehung aufrechtzuerhalten.
- *Querulatorische Persönlichkeiten* sind fanatisch in ihrem Kampf für das vermeintlich Richtige und Wahre. Sie übertreten dabei oft die Grenzen des Erlaubten, im Glauben für Ihren „gerechten Kampf". Sie sind unbelehrbar und haben es nicht gelernt, ihre Frustrationen und daraus entstehende Aggressionen zu beherrschen.

? ***Frage:** Eine Frau arbeitet in einem Betrieb sehr zurückgezogen von ihren KollegInnen und gilt als „graue Maus". Ihre Leistungen sind dagegen immer gut angesehen, übersteigen aber selten das normale Maß.*
— Wie kann man diesen Persönlichkeitstyp bezeichnen?

✔ **Antwort:** Die Frau gilt in ihren Kollegenkreisen als unscheinbar und unauffällig.

Häufig verbirgt sich dahinter ein leichtverletzlicher, selbstunsicherer Mensch.

Ein strenges Ich-Ideal führt zu großen Leistungsansprüchen an die eigene Person, die meist aber nicht erfüllbar sind. In den Augen der anderen können die Leistungen normal und gut sein.

Dieser Persönlichkeitstyp wird sensitiv oder selbstunsicher genannt.

? *Frage: Kann man depressive Persönlichkeiten sicher von PatientInnen mit neurotischen Störungen oder sogar endogen erkrankten PatientInnen unterscheiden?*

✔ **Antwort:** Eine depressive Verstimmung ist nur die Beschreibung eines Zustandes mit gedrückter Stimmung oder gehemmtem Antrieb.

Über die Ursachen oder das Ausmaß der Verstimmung wird damit noch nichts gesagt.

- *Depressive Persönlichkeiten* haben ein geringes Selbstwertgefühl. Die Grenzen zum Gesunden sind fließend. Depressive Persönlichkeiten sind meist bedrückt, skeptisch und wirken gehemmt. Die Beziehung zu neurotisch oder endogen erkrankten Menschen ist nicht sehr eng. Diese unterscheiden sich grundlegend in Ursachen und Verlauf.
- *Endogen depressiv Erkrankte* sind viel grundlegender betroffen als depressive Persönlichkeiten. Ihre Antriebshemmung ist tiefgreifend und ihre Affektivität ist in typischer Weise herabgestimmt. Die Ursachen sind nicht bekannt und es kann zu mehrphasischen Verläufen kommen. In den Intervallen zwischen den Krankheitsphasen sind diese Menschen völlig normal gestimmt.
- *Neurotisch Depressive* sind oft stärker und tiefer verstimmt als depressive Persönlichkeiten. Ursächlich liegt eine nicht gelöste Konfliktsituation aus der Kindheit zugrunde. Diese Menschen reagieren auf Trennungsbefürchtungen mit neurotischen Selbstvorwürfen.

? *Frage: Ein Patient leidet seit Jahren an Colitis Ulcerosa. Er lebt im Haus seiner Mutter, der Vater ist früh verstorben.*
Im Beruf ist er sehr erfolgreich. Wenn er berufsbedingt längere Zeit im Ausland ist, bessert sich die Symptomatik. Eine Psychotherapie brachte keine grundlegende Besserung seiner Beschwerden.
— Welche Ursachen können seiner Krankheit zugrunde liegen?.

✔ **Antwort:** Die Colitis ulcerosa zählt zur Reihe der psychosomatisch mitverursachten Krankheiten. Das heißt, ein psychischer Konflikt hat die Darmerkrankung ausgelöst und unterhält auch weiterhin die Symptomatik.

Die PatientInnen leiden oft unter einer großen Trennungsangst, da sie es nicht gelernt haben, sich zum Beispiel von ihrer Mutter vollständig zu lösen. Kompensatorisch ist bei einigen PatientInnen der Hang zu großer Selbständigkeit feststellbar, die aber unbewußt nicht wirklich angestrebt wird.

Die Beschwerden können sich im Ausland bessern, weil dem Patienten die zugrunde liegende Problematik dort nicht so vor Augen geführt wird. Der ursächliche Konflikt kann also besser verdrängt werden.

? *Frage: Welche Möglichkeiten bieten Testverfahren, abnorme Persönlichkeiten oder ähnliche Persönlichkeitsstörungen zu diagnostizieren?*

✔ **Antwort:** Mit Hilfe von Testverfahren sollen einzelne Faktoren der Persönlichkeit erfaßt werden.

Solche Faktoren können Aggression, Durchsetzunsvermögen, Gelassenheit oder Phantasie sein. Typische Tests sind der MMPI (Minnesota-Multiphasic-Personality-Inventory) als subjektiver Test oder der Rohrschach-Test als projektives Testverfahren.

Diese Tests sind nicht so aussagekräftig, daß sie eine sichere Bestimmung persönlichkeitsgestörter Menschen zulassen. Sie sind aber zur Einschätzung der Persönlichkeit oft sehr wertvoll und können den Zugang zur PatientIn erleichtern.

6. Psychische Erkrankungen mit organischer Beteiligung

6.1 Erworbene Störungen

6.1.1 Akute Störungen der Hirnfunktion

Bem.: Synonyma für akute Störungen der psychischen Funktionen sind: akuter exogener Reaktionstyp, symptomatische Psychose, organische Psychose, funktionelle Psychose oder körperlich begründbare Psychose.

? ***Frage:** Welche Ursachen akuter Hirnfunktionsstörungen kennen Sie?*

✔ **Antwort:** Alle direkten oder indirekten Noxen des Gehirns können zu einer akuten Hirnfunktionsstörung führen. Eine irreversible Strukturschädigung liegt dann aber nicht vor.

Aus diesem Grund führt die Beeinträchtigung der Hirnfunktion nur in seltenen Fällen zu einem residualen organischen Psychosyndrom.

Als ursächliche Krankheiten kommen alle Infektions- oder Stoffwechselkrankheiten in Frage (Hepatitis, Meningitis, Encephalitis, Pankreatitis, Diabetes, Hypo- und Hyperthyreose usw.).

Auch Herzkrankheiten, Endokrinopathien (M. Cushing, M. Addison, Phäochromozytom) und Veränderungen des Hormonhaushaltes in der Schwangerschaft können zu einer symptomatischen Psychose führen.

Daneben sind auch traumatische Schädigungen, Intoxikationen, medikamentös bedingte Psychosen, Durchblutungsstörungen, Epilepsien oder postoperative Zustände oft für die Auslösung einer funktionellen Psychose verantwortlich.

? ***Frage:** Kann man aufgrund des psychopathologischen Befunds auf die organische Grunderkrankung schließen?*

✔ **Antwort:** Der psychopathologische Befund läßt keinen Rückschluß auf die körperliche Grunderkankung zu. Die Reaktionsweise des Gehirns ist unspezifisch und sowohl bei vorübergehenden Beeinträchtigungen als auch bei chronisch-progredienten Erkrankungen mit Strukturschädigung sehr ähnlich.

Eine Abgrenzung gegenüber nicht körperlich verursachten Psychosen ist aber anhand des typischen Befunds im allgemeinen möglich.

? *Frage: Welche psychischen Funktionen sind bei symptomatischen Psychosen hauptsächlich gestört?*

✔ **Antwort:** Das zentrale Symptom der organischen Psychosen ist die **Bewußtseinsstörung**.

Es gibt nur wenige Ausnahmen. Das Durchgangssyndrom und die Alkoholhalluzinose sind zwei Beispiele symptomatischer Psychosen, die ohne Beeinträchtigung des Wachbewußtseins auftreten.

Störungen der Affektivität und des Antriebs können bei organischen Psychosen und Psychosyndromen in allen Ausprägungen vorkommen. Es muß deshalb immer die Differentialdiagnose zu endogenen Psychosen berücksichtigt werden.

? *Frage: In welcher Form kann die Bewußtseinsstörung auftreten?*

✔ **Antwort:**

- Das Bewußtsein kann *gesenkt* sein, d. h. der Wachzustand geht über die Somnolenz in das Koma über.
- Wenn das Bewußtsein *eingeengt* ist, sind Aufmerksamkeit und Gedächtnisleistung eingeschränkt. Darüberhinaus kommt es zu formalen und inhaltlichen Denkstörungen. Die PatientInnen denken ohne Zusammenhang, inkohärent oder haben Wahnvorstellungen.
- Selten tritt ein längerandauernder *Dämmerzustand* ein. Die PatientInnen erscheinen nach außen hin wach, ihrem Bewußtsein fehlt aber die Klarheit, um die Situation voll zu erkennen.

? *Frage: Können sich die PatientInnen später an ihren Zustand erinnern?*

✔ **Antwort:** Für die Zeit der Bewußtseinsstörung besteht meist eine *partielle* bis *totale Amnesie*. Dies ist zum Beispiel für den Dämmerzustand ein wichtiges diagnostisches Kriterium. Die Amnesie kann aber auch bei anderen symptomatischen Psychosen auftreten.

? *Frage: Kennen Sie typische Ausprägungen der symptomatischen Psychose?*

✔ **Antwort:** Es gibt drei Syndrome, bei denen die Störungen in typischer Form ausgeprägt sind.

- PatientInnen mit einem **amentiellen Syndrom** oder Verwirrtheitszustand sind meist nicht vollständig über Raum, Zeit und eigene Person orientiert.
  Sie können verwirrt oder erregt, ängstlich oder ratlos sein. Ihr Denken ist unzusammenhängend und sie neigen zum Haften an bestimmten Gedanken.
- Im **Delir** bestehen vor allem vegetative Störungen und optische Halluzinationen. Die PatientInnen sind verwirrt, erregt und motorisch unruhig.
  Häufigster Auslöser eines Delirs ist eine alkoholische Intoxikation.
- Der **Dämmerzustand** ist eine seltene Form der Bewußtseinsstörung. Die PatientInnen sind scheinbar wach, es fehlt ihnen aber die volle Orientierung über sich selbst und ihre Umgebung. Dieser Zustand kann bei Epilepsien oder im pathologischen Rausch auftreten.

? *Frage: Was unterscheidet das Durchgangssyndrom von den anderen typischen Formen?*

✔ **Antwort:** Das **Durchgangssyndromen** ist eine symptomatische Psychose,die ohne Bewußtseinsstörung abläuft. Alle anderen psychopathologischen Symptome können aber vorkommen.

Das Syndrom wird dann nach der vorherrschenden Symptomatik benannt z. B. depressives, schizoformes oder paranoid-halluzinatorisches Durchgangssyndrom.

Die Diagnose des Durchgangssyndroms sollte nur gestellt werden, wenn ein zeitlicher Zusammenhang zu der körperlichen Grunderkrankung besteht. Wenn sich die organische Erkrankung bessert, sollte die Psychose ebenfalls in Remission übergehen.

Ein Beispiel hierfür ist der Vitamin B12-Mangel, der in seltenen Fällen von einem paranoid-halluzinatorischen Durchgangssyndrom begleitet wird.

? *Frage: Wenn die PatientIn nicht mehr vollständig über sich und ihre Umwelt orientiert ist, in welcher Reihenfolge geschieht das dann?*
— „Vergißt" sie zuerst ihren Namen oder ihre Adresse?

✔ **Antwort:** Die Reihenfolge des Orientierungsverlustes ist unabhängig von der zugrunde liegenden Störung. Der Verlust ist meist nicht vollständig, sondern umfaßt immer mehrere Stufen, die einen zunehmenden Schweregrad anzeigen.

Zuerst wird die PatientIn die *Orientierung über die Zeit* verlieren. Sie weiß nicht, welcher Tag und welche Stunde heute ist. Darauf folgt der Verlust über die Orientierung des aktuellen Monats, des aktuellen Jahres und der aktuellen Jahreszeit.

Die *Orientierung über den Raum* und den Ort geht als nächstes verloren. Weder das Gebäude noch der Ort, an dem sie sich befindet, ist ihr bekannt. Auch das Land kann ihr letztendlich fremd erscheinen.

Nur in schweren Fällen wird die PatientIn schließlich die *Orientierung über die eigene Person* verlieren. Das Alter kann ihr unbekannt sein, sowie das Geburtsdatum oder die Zahl ihrer Kinder. Zum Schluß ist selbst der eigene Namen nicht mehr zugänglich.

Mit Abklingen der Psychose kehrt das Wissen in umgekehrter Reihenfolge wieder.

? *Frage: Ein Patient im chronischen Stadium des Alkoholismus mit portaler Hypertension und portokavalem Shunt wird zu Ihnen überwiesen, da er einen zunehmenden groben Tremor beider Hände zeigt.*
— Auf welche Erkrankung weist Sie dieses Symptom hin?

✔ **Antwort:** Hier liegt der Symptomatik wahrscheinlich eine *portokavale Enzephalopathie* zugrunde.

Die Enzephalopathie ist eine gefürchtete Folgeerkrankung des portokavalen Shunts, weil das Pfortaderblut nicht in ausreichender Menge von toxischen Stoffen gereinigt wird. Besonders empfindlich reagiert das Gehirn auf diese Vergiftung.

Das Phänomen des grobschlägigen Tremor wird „flapping tremor" genannt. Dieser Tremor tritt insbesondere dann auf, wenn der Patient seine Hände mit dem Handrücken nach oben ausstreckt.

Andere Symptome sind Stimmungsschwankungen, Bewußtseinsstörungen bis zum Koma und Halluzinationen.

Die Enzephalopathie kann sich sowohl in Richtung einer reversiblen organischen Psychose als auch in die des irreversiblen organischen Psychosyndroms entwickeln.

? *Frage: Können Sie die psychische Symptomatik einer akuten hepatischen Porphyrie beschreiben?*

✔ **Antwort:** Bei der akuten hepatischen Porphyrie stehen abdominelle (kolikartige Schmerzen, Ileus), neurologische (Paresen, Hyper- oder Parästhesien) und psychische Symptome im Vordergrund.

Die PatientInnen sind reizbar und unruhig. Angstzustände, Halluzinationen und depressive Verstimmmungen sind Ausdruck der symptomatischen Psychose. Im weiteren Verlauf kann es zu Delirien und Krampfanfällen kommen. Auch komatöse Zustände sind möglich.

? *Frage: Was ist bei der Differentialdiagnose akute symptomatische Psychose und endogen psychotische Erkrankungen zu beachten?*

✔ **Antwort:** Wichtigstes Unterscheidungskriterium ist die Bewußtseinsstörung.

Wenn in der Symptomatik der akuten symptomatischen Psychose paranoid-halluzinatorische oder ängstlich-depressive Inhalte vorkommen, kann aber die Diagnose einer endogenen Psychose vorgetäuscht werden.

Die Störungen der symptomatischen Psychosen sind nicht so ausgeprägt und viel rascher wechselnd als bei den endogenen Psychosen. Da folgt zum Beispiel auf eine kurze Phase der Verstimmtheit, die nicht so tief ist wie bei einer affektiven Psychose, eine Phase mit Verwirrtheit oder halluzinatorischen Episoden.

Die typischen Verläufe mit akutem Beginn der Erkrankung, einer Bewußtseinsstörung und die Feststellung der körperlichen Grunderkrankung lassen die Diagnose einer symptomatischen Psychose zu.

? *Frage: Welche diagnostischen Hilfsmittel stehen Ihnen zur Verfügung?*

✔ **Antwort:** Im Zentrum der psychiatrischen Diagnostik steht die Erhebung des psychopathologischen Befunds. Daneben ist eine sorgfältige körperliche und neurologische Untersuchung wichtig, um die zugrunde liegende Erkrankung zu erkennen.

Zur Sicherung der Diagnose soll dann auch die apparative Diagnostik wie Liquor, EEG, CT oder NMR eingesetzt werden.

? *Frage: Gibt es psychiatrisch-therapeutische Möglichkeiten, die Besserung des Zustandes zu beschleunigen?*

✔ **Antwort:** Die Therapie muß sich in erster Linie an der Grunderkrankung ausrichten.

Zur Dämpfung der Erregung oder Verminderung der Angst sind Sedativa oder Neuroleptika in vorsichtiger Dosierung in Ausnahmefällen erlaubt. Vorsichtig deshalb, weil diese Medikamente ebenfalls eine symptomatische Psychose auslösen können.

Die medikamentöse Behandlung ist problemtisch, da die PatientInnen auf Benzodiazepine häufig paradox reagieren. Neuroleptika dagegen können zu extremen, langanhaltenden Sedierungen führen. Hirnorganisch Kranke vertragen dazu noch geringere Dosen an Neuroleptika als Gesunde, die wiederum viel weniger vertragen als schizophren Erkrankte.

Eine Einweisung in eine geschlossene psychiatrische Abteilung kann bei einer ausgeprägten symptomatischen Psychose zum Schutze der PatientIn notwendig werden. Normalerweise reicht aber eine offene stationäre Betreuung aus, da die organischen Psychosen im allgemeinen rasch abklingen und voll reversibel sind. Dies ist natürlich vom Grundprozeß der symptomatischen Psychose abhängig.

Fallgeschichte

Ein Patient wird zu Ihnen in die Klinik eingewiesen.

Die Begleitperson erzählt, daß er auffällig geworden sei, weil er immer wieder Versprechungen mache, die er nicht einhalten könne.

Der Patient ist braungebrannt, augenscheinlich gutgelaunt und in guter körperlichen Verfassung. Er erzählt Ihnen mit einigen Versprechern , daß er gerade seinen Hubschrauberpilotenschein mache. Danach habe er vor, eine große Wohltätigkeitsveranstaltung zu organisieren. Er habe schon mit allen bekannten Fernsehmoderatoren Kontakt aufgenommen, darunter Frank Elstner, Thomas Gottschalk und Rudi Carrell.

Der Patient ist sehr distanzgemindert und unterbricht häufig Ihre Fragen.

? *Frage: Sie vermuten eine organische Psychose.*
— Welche Verdachtsdignose haben Sie und welche weiteren Schritte unternehmen Sie?

✔ **Antwort:** Der Patient zeigt eine manische Grundstimmung, verbunden mit unrealisierbaren Vorstellungen. Dazu kommt die Distanzminderung und Artikulationsstörungen.

Diese Symptomatik ist typisch für die Manifestation einer syphilitischen Erkrankung, der *progressiven Paralyse.*

Die weitere Anamnese und Diagnostik muß in Richtung einer luetischen Vorerkrankung betrieben werden. Insbesonders Artikulations- und Pupillenstörungen (Argyll-Robertson-Phänomen) sind zu beachten.

Diese Verdachtsdiagnose kann durch Liquorbefunde und Serologie (FTA-ABS-Test, TPI-Test und TPHA-Test) bestätigt werden.

? *Frage: Der Patient zeigt tatsächlich typische Laborbefunde der Lues cerebrospinalis.*
— Wie sehen Ihre Therapievorschläge aus?
— Welchen Verlauf erwarten Sie unter Ihrer Medikation?

✔ **Antwort:** Bei manifester Erkrankung sollte 30 Tage lang je 1 Millionen Einheiten *Depot-Penicillin* gespritzt werden. Zur Prophylaxe der Herxheimer Reaktion kann den ersten Tag vor und zwei Tage nach Beginn der Penicillintherapie 5mg Prednison oral alle 6 Stunden gegeben werden.

Bei möglichst frühzeitigem Beginn der Therapie sind die Ergebnisse günstig. In der Hälfte der Fälle wird eine Heilung erreicht. Ein großer Teil der anderen Hälfte bessert sich auffällig. Beginnt die Therapie aber erst nach einjährigem Krankheitsverlauf, können nur noch wenige Prozent der PatientInnen geheilt werden, da bereits bestehende Defekte irreversibel sind.

? *Frage: Welche Symptome einer gering ausgeprägten symptomatischen Psychose kennen Sie?*

✔ **Antwort:** Es gibt einige Anzeichen, die mit Hilfe einer sorgfältigen Annamese erfaßt werden können. Darunter zählt die Feststellung, daß gewohnte Tätigkeiten nicht mehr sicher ausgeführt werden können. Die schöpferische Kraft nimmt ab, Liebhabereien werden aufgegeben.

Auch die Geühlswelt kann verarmen. Die Menschen werden rücksichtslos, reizbar oder begehen Straftaten wie z.B. kleine Diebstähle oder Sittlichkeitsdelikte.

Die Primärpersönlichkeit der Erkrankten bleibt in der Regel aber deutlich erkennbar.

? *Frage: Wie diagnostizieren Sie eine Commotio Cerebri?*

✔ **Antwort:** Wichtigstes Kriterium der Diagnose einer **Commotio Cerebri** ist die Bewußtlosigkeit und die sich daran anschließende anterograde Amnesie.

Die Dauer der Bewußtlosigkeit und der Amnesie geben einen Hinweis auf den Schweregrad des Traumas. Beide zusammen können Sekunden, aber auch einige Stunden andauern.

Subjektiv äußert sich die Commotio in Kopfschmerzen, Schwindel und Erbrechen. Es kann auch zu Affektlabilität und schneller Erschöpfbarkeit kommen.

Pathologisch anatomisch gibt es keine dauernde Veränderung des Hirngewebes. Eine Hypothese der Ursache dieser Störungen beruht auf Zirkulationsstörungen des cerebralen Blutkreislaufs ohne bleibende Schädigungen.

? *Frage: Welche Therapie leiten Sie ein, wenn Sie eine Commotio cerebri diagnostiziert haben?*

✔ **Antwort:** Eine spezielle Behandlung ist nicht angezeigt.

Bettruhe sollte nur für wenige Tage eingehalten werden. Die Leistungsanforderungen sollten aber nicht sofort wieder auf ihr altes Niveau gebracht werden.

Arbeitsunfähigkeit besteht selten über einen Monat hinaus. Nur bei ausgeprägten Beschwerden kann eine Erwerbsminderung bis zu einem Jahr bestehen. In diesen Fällen sollte auch an eine bisher nicht festgestellte Contusio Cerebri oder eine andere Erkrankung mit Hirnbeteiligung gedacht werden.

? *Frage: Wie unterscheiden Sie eine Commotio von einer Contusio Cerebri?*

✔ **Antwort:** Grundsätzlich entspricht die Symptomatik der **Contusio Cerebri** einem organischen Psychosyndrom mit Bewußtseinsstörung.

Die Bewußtseinsstörung ist im allgemeinen wesentlich länger als bei einer Commotio. Sie kann mehrere Stunden, aber auch Tage andauern.

Da es bei der Contusio zu einer substantiellen Schädigung des Gehirngewebes kommt, können Krampfanfälle und Herdbefunde im EEG auftreten. Ein radiologischer Nachweis ist eventuell erst nach einigen Tagen möglich, da die Hirnschädigung sich erst sekundär durch Zirkulationsstörungen, Hirnödem und Nekrose entwickelt.

Schwindel, Erbrechen und Kopfschmerzen können ebenfalls auftreten. Sie sind häufig stärker ausgeprägt als bei der Commotio cerebri.

Der Schweregrad der bleibenden Beeinträchtigungen ist wichtig zur Ermittlung der Erwerbsminderung, die bis zu 100% betragen kann.

Wenn nach Abklingen der Bewußtlosigkeit eine Psychose auftritt, spricht man von einer *Kontusionspsychose*. Über ein Durchgangssyndrom kann diese Psychose wieder abklingen. Sie kann aber auch in ein organisches Psychosyndrom übergehen.

6.1.2 Chronische Störungen der Hirnfunktion

Bem.: Störungen, die vorwiegend im Alter auftreten (M. Alzheimer, arteriosklerotische Veränderungen, usw.) sind im alterspsychiatrischen Kapitel zusammengefaßt.

? *Frage: Das organische Psychosyndrom unterscheidet sich in einigen Punkten von einer akut verursachten symptomatische Psychose.*
— Können Sie uns die wesentlichen Unterschiede nennen?

✔ **Antwort:** Das Leitbild des **organischen Psychosyndroms** ist der *Persönlichkeitsabbau* und im Endstadium die *Demenz.*

Es kommt dabei in der Regel zu einem irreversiblen, chronisch-progredientem Hirnabbau mit starker Einschränkung der intellektuellen Fähigkeiten. Gedächtnisstörungen betreffen vor allem das Kurzzeitgedächtnis. Das Denken ist eingeschränkt.

Im Rahmen des Persönlichkeitsabbaus sind Affekte, Antrieb und Psychomotorik verarmt und stereotyp. Die vorher differenzierte Persönlichkeit ist nivelliert.

Bewußtseinsstörungen sind bei einem organischen Psychosyndrom nicht typisch. Bei einem akuten Schub können sie jedoch manifest werden

? *Frage: Was versteht man unter dem Begriff „Persönlichkeitsabbau“?*

✔ **Antwort:** Der Persönlichkeitsabbau ist eine organische Wesensänderung.

Vor allem Affektivität und Antrieb sind beeinträchtigt. Es kommt zur Verlangsamung des Denkens, zum Haften an einzelnen Gedanken. Die Affekte sind labil und die PatientInnen sind meistens dysphorisch gestimmt.

Merkfähigkeits- und Konzentrationsschwächen sind typisch. Kritik an ihrer Person können die PatientInnen schlecht ertragen.

Eine mögliche Variante kann die Veränderung des Affekts sein. Diese PatientInnen sind weinerlich, dysphorisch und brechen z.B. beim geringsten Anlaß in Tränen aus.

Die Psychomotorik kann bis zur Erstarrung verarmt sein. Eigeninitiative und Spontaneität als Ausdruck des Antriebs sind stark reduziert.

? ***Frage:*** *Welche körperlichen Grunderkrankungen führen zu einer organischen Wesensänderung?*

✔ **Antwort:** Häufig sind Gefäßleiden und degenerative Erkrankungen Auslöser eines organischen Psychosyndroms.

Schädel-Hirn-Traumen, endokrine Störungen und Infektionen können ebenfalls ursächlich dem Syndrom zugrundeliegen.

Wenn eine therapierbare Krankheit möglichst früh erkannt und behandelt wird, sind die Veränderungen der Persönlichkeit vollständig reversibel.

? ***Frage:*** *Gibt es Frühzeichen, die auf die Diagnose eines organischen Psychosyndroms hinweisen?*

✔ **Antwort:** Typische Frühsymptome sind:

- leichte Ermüdbarkeit,
- Merk- und Konzentrationsschwäche,
- Verlangsamung und Umständlichkeit des Denkens und
- unzureichende Selbsteinschätzung.

Diese Veränderungen fallen meist zuerst der Familie der Betroffenen auf. Es kann zu schweren Krisen des Zusammenlebens kommen, wenn die richtige Diagnose nicht frühzeitig genug gestellt wird.

? ***Frage:*** *Wie definieren Sie die Demenz als Leitsymptom der organischen Psychose?*

✔ **Antwort:** Die **Demenz** ist ein erworbener Intelligenzdefekt mit Beeinträchtigung der Merkfähigkeit und nur noch geringen Fähigkeiten zu folgerichtigem Denken.

Dieses Grundsymptom der Demenz kann mit mehreren anderen Wesensveränderungen kombiniert sein. Es treten also verschiedene Varianten der Demenz auf.

? ***Frage:*** *Kann ein psychologischer Test Aufschluß über die Beteiligung von gestörten Funktionen bieten?*

✔ **Antwort:** Die üblichen Intelligenz- und Persönlichkeitstests können über bestimmte Fähigkeiten der PatientInnen, wie Merkfähigkeit, Konzentration oder Aggression, recht sichere Aussagen machen.

Diese können bei der Diagnostik und der Verlaufsbeurteilung der gestörten Hirnfunktionen wichtige Hinweise geben.

Die eigentliche klinische Diagnostik und Verhaltensbeurteilung können die Testverfahren aber nicht ersetzen.

Fallgeschichte

Ein junger Mann ist vom Hausarzt mit unklaren psychischen Beschwerden eingewiesen worden.

Er berichtet Ihnen in der Klinik, daß er unter Gedächtnis- und Merkfähigkeitsstörungen leide. Vor kurzem habe er eine Art Grippe gehabt, danach sei er immer sehr müde gewesen. Er fühle sich wirklich nicht wohl, sei immer so mißmutig und habe zu nichts mehr Lust. Er sei nicht mehr fähig, überhaupt noch etwas zu tun. Seine Beine fühlten sich so seltsam schwer an.

? ***Frage:*** *Welche differentialdiagnostischen Überlegungen müssen Sie vornehmen und wie sieht Ihr weiteres Vorgehen aus?*

✔ **Antwort:** Der Patient zeigt typische Merkmale eines organischen Psychosyndroms.

Im Anbetracht seines Alters sind degenerative Erkrankungen nahezu auszuschließen. Die Symptomatik des grippalen Infekts und die beschriebenen Störungen lassen mehrere differential-diagnostische Überlegungen zu:

- Infektiöse Mononukleose
- Grippe
- Lues II
- Cytomegalie
- HIV-Infektion

Die entsprechende Diagnose kann durch Blutuntersuchungen gesichert werden.

Zuerst ist allerdings eine eingehende Ananmese zu erheben. In dieser sollte vor allem nach Infektionskrankheiten, Geschlechtskrankheiten, Operationen, Auslandaufenthalten und natürlich weiteren körperlichen Symptomen (Lymphknotenschwellungen, Hautausschlag, Diarrhoe, Fieber usw.) gefragt werden.

Im Anschluß daran folgt eine körperliche und neurologische Untersuchung.

? ***Frage:*** *Eine genaue Ursache für seine Beschwerden können Sie nicht feststellen. Spezifische Infektionssymptome sind ebenfalls nicht vorhanden. Eine Mononukleose konnte nicht verifiziert werden, die Lues-Serologie und der HIV-Test sind negativ. Sie wollen weitere Untersuchungen veranlassen, und bitten ihn in einer Woche wiederzukommen.*
Der Patient kommt aber erst nach drei Wochen. Seine Mutter bringt ihn zur Aufnahme. Der Patient erscheint sehr verändert. Der Gang ist unsicher geworden, der Gesichtsausdruck ist ängstlich-traurig. Sein Äußeres wirkt vernachlässigt. Er berichtet Ihnen nur noch schleppend und unter geringer Anteilnahme daß er nichts mehr unternehmen könne.
— Welche Untersuchungen veranlassen Sie?

✔ **Antwort:** Die diagnostischen Möglichkeiten in Bezug auf eine Hirnerkrankung sind jetzt auszuschöpfen. Eine vollständige Liquoruntersuchung, CT oder Kernspintomographie und ein EEG vervollständigen den bisherigen Befund.

? *Frage: Im CT findet sich eine fortgeschrittene Hirnatrophie.*
In der Liquor-Diagnostik sind diskrete chronisch-entzündliche Veränderungen sichtbar.
Die Liquor-Zellkultur zeigt einen positiven HIV-Nachweis.
— Wie sieht Ihr weiteres Vorgehen aus?

✔ **Antwort:** Die progrediente chronische HIV-Enzephalopathie (CDC-Stadium IVb) kann die einzige Manifestation einer HIV-Infektion sein. Sie rechtfertigt auch bei alleinigem Auftreten die Diagnose AIDS.

Für eine Therapie der Erkrankung muß unbedingt abgeklärt werden, ob eine durch andere Erreger verursachte Encephalitis vorliegt. Toxoplasmose oder Cytomegalie z.B. können dann spezifisch behandelt werden.

Eine kausale Therapie ist nicht bekannt. Es gibt fortgeschrittene klinische Versuche mit Zidovudin (Retrovir®), dessen Wirksamkeit auch gegenüber Psychosyndromen zumindestens temporär nachgewiesen ist.

Der Patient darf aber mit seiner Diagnose nicht alleingelassen werden. In vielen Fällen ist eine stützende Gesprächstherapie und der Besuch einer Selbshilfegruppe zu empfehlen. Eine eigentliche Psychotherapie ist nur in einzelnen Fällen sinnvoll und möglich.

Bem.: Bei allen neurologisch-psychiatrischen Erkrankungen muß die Differentialdiagnose HIV-Infektion und AIDS mitbeachtet werden. Eine genaue Anamnese in dieser Richtung ist unumgänglich!

? *Frage: Welche möglichen Restsymptome können bei einer Contusio cerebri bestehen bleiben?*

✔ **Antwort:** Bei andauernder Beinträchtigung der Hirnfunktionen kann sich ein organisches Psychosyndrom ausbilden.

Darüberhinaus sind Kopfschmerzen und Schwindel, neurologische Ausfälle und Krampfanfälle möglich.

Chronisch fortschreitende Verläufe sind insbesondere bei Boxern zu finden.

Auch kann sich eine traumatische Epilepsie entwickeln, die lokal (Jackson-Anfälle), aber auch generalisiert auftreten kann.

? *Frage: Ist das Gehirn beim hirnorganischen Psychosyndrom immer in seiner Gesamtheit betroffen oder können auch nur einzelne Teile des Gehirns geschädigt werden?*

✔ **Antwort:** Es gibt das sogenannte **hirnlokale Psychosyndrom**, bei dem die Hirnschädigung relativ umschrieben bleibt und auch die Symptomatik begrenzt ist.

Nahezu immer sind Antrieb und Affekt gestört.

Beim *Stirnhirnsyndrom* als einer Manifestation des hirnlokalen Psychosyndroms treten Geschwätzigkeit, Enthemmung und Distanzlosigkeit auf.

Das *Stammhirnsyndrom* und *limbische Syndrom* zeigen ähnliche Veränderungen.

Ein Intelligenzverlust ist bei allen Erkrankungen nicht ausgeprägt. Das ist auch das wesentliche differentialdiagnostische Kriterium gegenüber hirnorganischen Erkrankungen mit Beeinträchtigung der intellektuellen Leistungen.

? ***Frage:** Welche besonderen Formen von Hirnfunktionsbeeinträchtigungen können im Verlauf einer Epilepsie auftreten?*

✔ **Antwort:** Als Folge der **Epilepsie** treten sowohl akute symptomatische Psychosen als auch organische Psychosyndrome auf.

Unabhängig von der Zahl der Anfälle tritt bei einem Drittel der PatientInnen eine epileptische Wesensänderung ein. Besonderes Kennzeichen dieser „enechetischen" Wesensänderung ist das sogenannte Haften an einem Einfall, einem Gedanken oder einem Gefühl. EpileptikerInnen sind weitschweifig und wirken im Denkablauf zähflüssig. Das ist aber auch möglicherweise ein Effekt der medikamentösen Behandlung.

Ihre Gefühle steigern sich oft ins Extreme, sowohl in positiver als auch in negativer Hinsicht mit überschwenglicher Freude oder übertriebener Wut und Reizbarkeit.

Durch zunehmende cerebrale Schädigung kann die Epilepsie in eine Demenz übergehen. Das kann nach 10 Jahren, bei guter Einstellung der Therapie aber auch erst nach mehr als 20 Jahre der Fall sein. Die Merkfähigkeit nimmt ab. Die PatientInnen perseverieren und sind im Denken und in ihrer Urteilsfähigkeit eingeschränkt. In schweren Fällen mit häufigen Grand mals kann es zu einer völligen Verblödung kommen.

? ***Frage:** Sie werden zu einem Patienten gerufen, der vor kurzem einen epileptischen Anfall gehabt haben soll. Er scheint bewußtseinklar, gibt aber auf Ihre Fragen keine Antwort.*
— Welche Verdachtsdiagnose stellen Sie?

✔ **Antwort:** Nach einem akuten epileptischen Anfall treten häufig *Dämmerzustände* auf.

Die PatientInnen wirken oft verloren. Sie sind nicht bewußtseinklar und haben eine Amnesie für diesen Zeitabschnitt.

Es kann bei schneller therapeutischer Blutspiegelerhöhung der Medikamente auch zu paranoid-halluzinatorischen Perioden kommen, bei denen Halluzinationen und Wahnbildungen auftreten. Innerhalb dieser psychotischen Perioden gehen die EEG-Veränderungen zurück, Krampanfälle treten nicht auf.

Dies hat zu der Theorie geführt, daß sich endogene Psychosen mit Hilfe künstlich induzierter Krampfanfälle bessern lassen. Das trifft auch in einigen Fällen zu.

? ***Frage:** Ein 50-jähriger Patient berichtet Ihnen über ständiges Hautjucken am ganzen Körper. Er sagt, daß er schon bei mehreren Hautärzten gewesen sei, die aber nichts gefunden hätten. Er habe aber den Beweis dafür, daß kleine schwarze Würmchen die Ursache für das Jucken seinen. Er zeigt Ihnen ein paar schwarze Krümel. Der Patient wirkt sonst unauffällig und gepflegt.*
— Welche Verdachtsdiagnose stellen Sie?

✔ **Antwort:** Da bei der hautärztlichen Untersuchung kein Parasitenbefund oder eine andere Hauterkrankung erkannt wurde, ist hier eine **chronische taktile Halluzinose** als Ursache für die Beschwerden anzunehmen. Man spricht bei dieser Erkrankung auch vom *Dermatozoenwahn.*

Der Wahn entsteht aus der Gewißheit, mit der die PatientInnen davon überzeugt sind, Ungeziefer sei die Ursache ihrer Erkrankung.

Auf der anderen Seite kann auch eine Halluzinose die mögliche Ursache darstellen. Durch Nachlassen der Sehkraft oder andere organische Veränderungen werden Schmutzpartikel oder Hautveränderungen falsch interpretiert.

Das Alter des Patienten ist ebenfalls typisch, da die Erkrankung in der Dekade vor dem 60. Lebensjahr am häufigsten auftritt.

Als Ursache der Erkrankung gilt im allgemeinen eine hirnorganische Schädigung, z. B. hirnarteriosklerotische Veränderungen.

Neben den hirnorganischen Störungen gibt es auch psychodynamische und psychoreaktive Erklärungen für die Entstehungsursache.

Eine Soziotherapie ist häufig die einzige Behandlungsmöglichkeit.

6.2 Vererbte Störungen der Hirnfunktionen

Bem.: Erkrankungen mit vorwiegender Manifestation im Kindesalter z. B. die geistige Behinderung oder der hypothyreotische Kretinismus werden im Kapitel „Psychiatrische Erkrankungen im Kindesalter" behandelt.

? ***Frage:** Es gibt sogenannte heredo-degenerative Hirnkrankheiten.*
— Welche sind die wichtigsten?

✔ **Antwort:** Die vier häufigsten degenerativen Hirnkrankheiten, bei denen eine wesentliche Beteiligung der Vererbung nachgewiesen wurde sind:

- **Morbus Pick**,
- **Chorea Huntington**, der sogenannte erbliche Veitstanz,
- **Morbus Parkinson** oder Paralysis agitans und
- **Morbus Wilson**, die hepato-lenticuläre Degeneration.

Allen gemeinsam ist die primäre hirnlokale Funktionsstörung, die allmählich in eine fortschreitendes, diffuses organisches Psychosyndrom übergeht.

Morbus Pick und die Chorea Huntington führen nach 6-8 Jahren Krankheitsdauer zum Tode, die anderen zum Persönlichkeitsabbau und Demenz.

Wesentlich häufiger als der eigentliche Morbus Parkinson ist der Parkinsonismus, der z.B. durch Neuroleptika verursacht werden kann. Hier steht das Psychosyndrom ganz im Hintergrund.

? ***Frage:** Welche Behandlungsmöglichkeit haben Sie beim Morbus Wilson?*

✔ **Antwort:** Der **Morbus Wilson** ist eine *Kupferspeicherkrankheit*, die durch Gaben von D-Pencillamin in ihrer Auswirkung abgeschwächt werden kann. Als Kausaltherapie ist eine kupferarmen Diät angebracht.

? *Frage: Nennen Sie die Symptomemtrias des Morbus Parkinson.*

✔ **Antwort:** Die drei Hauptsymptome, die durch eine Beeinträchtigung des extrapyramidalen Systems, der unwillkürlichen Bewegungssteuerung und -koordinierung auftreten, sind:

- **Rigor**. Er läßt sich durch das typische Zahnradphänomen bei der passiven Bewegung einer Extremität feststellen. Die Bewegung der Extremität erfolgt gegen ständig wechselnden Widerstand.
- **Tremor**. Die Hände oder Beine können nicht stillgehalten werden und zittern langsam. Das ist der sogenannte Antagonistentremor.
- **Akinese**. Die Bewegungen der PatientInnen kommen nur beschwerlich in Gang oder schießen über das Ziel hinaus, z. B. beim Gehen oder Aufstehen.

? *Frage: Was muß man bei der Therapie des M. Parkinson besonders beachten?*

✔ **Antwort:** Da eine Verringerung des Transmitters Dopamin im Striatum als Ursache angesehen wird, besteht die Therapie in der Gabe von **L-Dopa**.

Dieses wird im Körper zu körpereigenem Dopamin umgebaut. Hierbei muß man unbedingt beachten, daß L-Dopa selbst psychische Nebenwirkungen hat. Leichte Verhaltensstörungen, aber auch akute symptomatische Psychosen aller Ausprägungsgrade, können insbesonders bei Überdosierung auftreten. In diesen Fällen muß eine Dosisreduktion vorgenommen werden.

7. Alterspsychiatrie

? **Frage:** *Warum gewinnt die Alterspsychiatrie zunehmend an Bedeutung?*

✔ **Antwort:** Durch die **Überalterung** der Bevölkerung in den westlichen Industrienationen steigt der Anteil der alten Menschen innerhalb der Zahl aller Kranken an. In psychiatrischen Krankenhäusern macht der Anteil der über 60jährigen schon 20-30% aller Aufnahmen aus.

Insgesamt sollen 20-25% aller Menschen über 65 Jahren an einer Beeinträchtigung ihrer psychischen Fähigkeiten leiden. Da im Alter das **Erkrankungsrisiko** für psychische und organische Krankheiten mit psychischen Auswirkungen groß ist, wird der Anteil der alten Menschen an den psychisch Erkrankten immer mehr zunehmen. Daneben gibt es aber immer weniger Möglichkeiten, diese Alterskranken zu Hause zu betreuen oder für sie geeignete Wohn- und Heimplätze zu finden.

? **Frage:** *Welche psychischen Veränderungen treten bei älteren Menschen am häufigsten auf?*

✔ **Antwort:** Über ein Drittel aller psychischen Störungen der über 65jährigen sind **psychoreaktiv** ausgelöst.

Ein weiteres Drittel sind **organische Psychosen** oder **Psychosyndrome**. Dazu kommen noch leichte, nicht behandlungsbedürftige organische Psychosen. Diese sind durch den meist körperlich schlechten Zustand vieler älterer Menschen bedingt.

Affektive und schizophrene Psychosen machen weitere 15% der Erkrankungen aus.

Diese Verteilung ist aber nicht unabhängig von den sozialen Lebensbedingungen der alten Menschen, da das **soziale Umfeld** beim Auftreten psychischer Störungen wesentlich beteiligt ist. In Altersheimen ist z. B. die Zahl depressiver alter Menschen doppelt so hoch wie in der Gruppe, die zuhause lebt.

? **Frage:** *Wie werden die verschiedenen Formen der senilen Demenz bezeichnet?*

✔ **Antwort:** Zwei große Gruppen werden bei der senilen Demenz unterschieden:

- Die **senile Demenz vom Alzheimer-Typ** geht mit einer progredienten **Hirnatrophie** einher. Histologisch sind im Hirngewebe die sogenannten Alzheimer-Fibrillen nachweisbar. Diese histologischen Veränderungen sind aber in geringen Graden bei nahezu allen gesunden alten Menschen anzutreffen.
- Die **präsenile Demenz** ist eine Frühform der senilen Demenz und beginnt schon um das 50. Lebensjahr. Sie wurde früher als eine eigene Krankheit angesehen. Man bezeichnete sie als Morbus Alzheimer.

Der wesentliche Unterschied zur senilen Demenz liegt im stark progredienten Verlauf, der innerhalb von 10 Jahren zum Tod führen kann.

- Die **vaskuläre senile Demenz** ist die Bezeichnung für die Ausfälle bei fortgeschrittener Hirnarteriosklerose. Die Sklerose der Hirngefäße führt zur Minderdurchblutung einzelner Hirnabschnitte oder zu Gefäßrupturen mit Einblutumgem. Daraus resultiert die Schädigung des Hirngewebes mit Nekrosen und Cysten.

? **Frage:** *Welche Symptome sind typisch bei der vaskulären senilen Demenz?*

✔ **Antwort:** Am Anfang stehen **subjektive Beschwerden** bei der vaskulären senilen Demenz im Vordergrund. Kopfschmerzen, Schwindel, nächtliche Schlaflosigkeit, gepaart mit Müdigkeit am Tage. Gereiztheit und leichte Verstimmbarkeit der Kranken sind häufig.

Der Hirnabbau mündet in ein **organisches Psychosyndrom** mit Merkfähigkeitsstörungen und Affektinkontinenz.

Einblutungen und andere Hirnveränderungen führen zu **neurologischen** Befunden. Apoplektische Insulte können zu Halbseiten-Lähmungen führen oder einzelne Hirnleistungen einschränken. Bei diffuser Schädigung ist häufig auffällig die Motorik der Kranken betroffen: Unsicherer Gang, Reflexdifferenzen und Händezittern fallen besonders auf.

? **Frage:** *Beschreiben Sie den Verlauf einer Demenz vom Alzheimer-Typ!*

✔ **Antwort:** Die Krankheit beginnt **schleichend** mit Merkfähigkeitsstörungen, Kritik- und Urteilsschwäche. Durch den fortschreitenden Hirnabbau ist auch der Krankheitsverlauf langsam progredient.

Die voll ausgeprägte senile Demenz vom Alzheimer-Typ entspricht in ihrer Symptomatik einem **organischen Psychosyndrom**. Da eine ursächliche Behandlung nicht möglich ist, kann nur eine gute Unterbringung und Pflege der PatientInnen einen positiven Einfluß auf den weiteren Verlauf haben.

Todesursache ist letztlich die körperliche Hinfälligkeit oder eine Infektion, der die Kranken physisch und psychisch nichts entgegenzusetzen haben.

Fallgeschichte

Ein jüngeres Ehepaar kommt mit der 54jährigen Mutter des Mannes zu Ihnen in die Klinik. Der Sohn berichtet, daß die Mutter bisher bei ihnen in der Wohnung gelebt habe. Sie sei alleine nicht mehr zurecht gekommen. Sie habe sich oft verlaufen und dann nicht mehr zurückgefunden. Mit der Sprache sei es auch immer schlechter geworden. Die Mutter könne nur noch einige Worte sagen, dabei wiederhole sie diese ständig.

Leider müsse immer einer zu Hause bleiben, der die Mutter beaufsichtige, da sie sonst die Wohnung "aufräume" oder auf die Straße liefe. Er könne zwar mit Ihr sprechen, aber er glaube nicht, daß sie ihn verstehe.

Ihr Hausarzt habe ihnen empfohlen, in die Klinik zu gehen, da sie dort zur Zeit am besten aufgehoben sei.

Während der Sohn berichtet, sitzt die ordentlich aussehende Frau ruhig und wortlos auf ihrem Stuhl. Zweimal steht sie unvermittelt auf, und versucht aus dem Zimmer zu gehen. Da die Zimmertür abgeschlossen ist,um nicht von den anderen PatientInnen gestört zu werden, kann sie nur kräftig an der Klinke ziehen. Unter Zureden des Sohnes setzt sie sich wieder auf ihren Stuhl.

? **Frage:** *Wie begründen Sie Ihre Verdachtsdiagnose?*

✔ **Antwort:** Das klinische Bild entspricht dem eines **organischen Psychosyndroms** mit der Betonung auf Sprach- und Orientierungsstörungen.
Da die "Fassade", das äußere Erscheinungsbild der Patientin, gut erhalten ist und die Fremdanamnese keinen Hinweis auf eine exogene Schädigung gibt, ist eine **senile Demenz vom Alzheimertyp** die wahrscheinlichste Diagnose. Insbesondere das frühe Erkrankungsalter der Patientin spricht für die **präsenile Form** dieser Erkrankung. Die arteriosklerotische Form der Erkrankung kann aber nicht ausgeschlossen werden.

Bei der körperlichen Untersuchung stellen sie nichts außergewöhnliches fest. Beim Test ihrer praktischen Fähigkeiten kann sie die meisten Gegenstände, die Sie ihr zeigen, nicht benennen. Wenn Sie Ihr die Namen der Gegenstände vorsagen, wiederholt sie einige Silben Ihrer Worte stereotyp. Mit den gezeigten Gegenständen, einem Kugelschreiber und einer Uhr, kann die Patientin nichts anfangen. Nur als Sie ihr einen Schlüssel zeigen, greift sie danach und geht zur Zimmertür. Sie kann nur mit Mühe daran gehindert werden, die Tür zu öffnen. Nach einer Weile nimmt sie das Heft selbst in die Hand und liest ohne Mühe und ohne besondere Betonung oder Pausen den Text herunter. Danach wiederholt sie einige Sätze noch mehrere Male.

? **Frage:** *Wie werden diese Phänomene terminologisch richtig benannt?*

✔ **Antwort:** Die Störung der Sprache, das Nicht-benennen-können von Gegenständen sowie die mangelnde Spontansprache mit einer Störung des Sprachverständnisses sind Kennzeichen einer **amnestischen Aphasie**.

Die Bedeutung der Gegenstände ist der Patientin bis auf den Schlüssel nicht bekannt. Dieses fehlende Verständnis für die Bedeutung und die Benutzung der Gegenstände nennt man **Apraxie**.

Die rhythmische Wiederholung einzelner Silbe der vorgesagten Worte nennt man **Logoklonie**, die Wiederholung einzelner Sätze oder Satzteile **Echolalie**.

Der Sohn fragt Sie, welche therapeutischen Möglichkeiten vorhanden seien und wie die Mutter am besten unterzubringen sei.

? **Frage:** *Was schlagen Sie dem Sohn vor?*

✔ **Antwort:** Therapeutisch muß versucht werden, die Hirndurchblutung und Sauerstoffversorgung so gut wie möglich aufrechzuerhalten. Die medikamentöse Therapie muß also die Herzfunktion unterstützen. Wenn eine arteriosklerotische Mitursache gefunden wird, können auch die Flußeigenschaften des Blutes mit Acetylsalicylsäure verbessert werden.

Eine darüber hinaus gehende **kausale Therapie** ist nicht bekannt.

? **Frage:** *Welche rechtlichen Schritte müssen Sie einleiten, wenn die Patientin zuhause nicht mehr versorgt werden kann?*

✔ **Antwort:** Wenn es der Familie der Patientin nicht möglich ist, für die Unterbringung und Betreuung zu sorgen, kann eine **sofortige Unterbringung** angeordnet werden. Diese kann bei **Selbstgefährdung** oder **Fremdgefährdung** zum Schutze der Patientin auf einer geschlossenen Station erfolgen. Die **örtliche Ordnungsbehörde** kann die Unterbringung anordnen, wenn ein ärztliches Zeugnis längstens vom Vortag vorliegt. Danach ist unverzüglich beim **Amtsgericht** ein Antrag auf Unterbringung zu stellen. Die Unterbringung muß bis zum Ende des nächsten Tages vom Gericht angeordnet sein, sonst muß die Patientin entlassen werden.

Zur dauerhaften Regelung sollte eine **Pflegschaft** angestrebt werden. Die Pflegschaft kann zur Regelung einzelner Lebensangelegenheiten vom Vormundschaftsgericht angeordnet werden. Hierzu wird eine PflegerIn bestellt, z. B. um die Frage des Aufenthalts der Gebrechlichen zu regeln. Zur Errichtung der Pflegschaft ist die Einwilligung von Seiten der Patientin nötig. Nur wenn mit ihr vorübergehend keine Verständigung möglich ist, kann die Pflegschaft auch ohne Zustimmung angeordnet werden.

Bei einer Demenz ist häufig eine Vormundschaft nötig, bei der alle Lebensbereiche der PatientIn geregelt werden können.

Wenn es möglich ist, sollte die Patientin in einem gut beaufsichtigten **Pflegeheim** untergebracht werden. Die SozialarbeiterInnen können der Familie bei der oft schwierigen Suche eines solchen Platzes helfen.

? *Frage: Wie können Sie zwischen den beiden Formen der Altersdemenz diagnostisch unterscheiden*

✔ **Antwort:** Die klinische Unterscheidung zwischen arteriosklerotischer Demenz und der Demenz vom Alzheimertyp ist nicht einfach vorzunehmen.

Arteriosklerotische Allgemeinveränderungen, neurologische Ausfälle, vor allem Veränderungen im CT, können Hinweise auf eine **Zerebralsklerose** sein.

Veränderungen im Augenfundus lassen dagegen nicht unbedingt auf Veränderungen in den Hirngefäßen schliessen.

Beide Formen kommen neuropathologisch oft gemeinsam vor. Bei Autopsien wurde festgestellt, daß der größere Teil der senilen Demenzen aber durch degenerative Veränderungen verursacht ist.

Genauere Hinweise sind nur mit Hilfe der apparativen Diagnostik zu bekommen. Mit dem **EEG** können Allgemeinveränderungen und Herdbefunde diagnostiziert werden, im **CT** sind besonders Hirnsubstanzschädigungen oder Hirnabbauprozesse differenzierbar. Mit der **Doppler-Sonographie** sind sowohl extrakranielle als intracranielle Gefäßverschlüsse zugänglich.

? *Frage: Ein Patient mit vaskulärer Demenz hat seit kurzem einen Blutdruck von 200/110.*
Was müssen Sie bei der medikamentösen Blutdrucksenkung besonders beachten?

✔ **Antwort:** Die Hirndurchblutung, die durch einen bestimmten Perfusionsdruck aufrechterhalten wird, ist bei hirnarteriosklerotischen Veränderungen die wichtigste Größe. Schon eine **Abnahme**

von 30% der Hirndurchblutung kann zu Ischämien und Nekrosen einzelner Hirnabschnitte führen.

Eine leichte Steigerung des Blutdrucks ist in der Regel komplikationslos. Dauerhafte Hypertonien führen aber ebenfalls zu Gefäßveränderungen und sind deshalb medikamentös anzugehen. Eine zu starke Blutdrucksenkung muß aber vermieden werden, um die Hirndurchblutung nicht zu stark herabzusetzen. Eine optimale Einstellung ist deshalb nicht in zu kurzer Zeit anzustreben.

? *Frage: Was wissen Sie über die Genese der Involutionspsychosen?*

Antwort: Diese Psychosen treten bei bisher gesunden Menschen **nach der** sogenannten **Lebensmitte** auf, d. h. nachdem ein gewisser Stillstand oder sogar Rückgang in der beruflichen, familiären oder persönlichen Entwicklung eingetreten ist. Das Alter dieser Patienten liegt kurz nach dem 45. Lebensjahr.

Diese Spätformen der Psychosen unterscheiden sich nicht grundlegend von den Psychosen jüngerer Erkrankter. Hier wird aber die **multifaktorielle Genese** besonders deutlich. Beginnende unspezifische Altersveränderungen gehen mit psychischen Problemen dieser Altersphase einher. Die PatientInnen neigen zu **Depressionen** und **psychoreaktiven Reaktionen**, sie suchen nach dem Sinn ihres beruflichen und persönlichen Lebens und werden von der Umwelt zunehmend kritischer auf ihre Leistungsfähigkeit hin überprüft.

? *Frage: Unterscheiden sich psychotische Neuerkrankungen im Alter von den früher beginnenden Psychosen?*

✔ **Antwort:** Symptomatik und Verlauf dieser Spätformen der Psychosen unterscheiden sich nicht grundsätzlich von denen des jüngeren Alters.

Trotzdem sind erkennbare Unterschiede vorhandenden. Die Symptomatik ist meist abgeschwächt und der Verlauf ist protrahiert. Eine Ausheilung ist häufig. Der fließende symptomatische Übergang zu alters-psychotischen Veränderungen kommt nach langen Krankheitsverläufen vor.

Der **organische Anteil** an den Ursachen der psychotischen Neuerkrankung im fortgeschrittenen Alter ist häufig erkennbar. Ein Beispiel ist die Wahnentwicklung bei Schwerhörigkeit.

? *Frage: Warum sind Konfliktreaktionen im Alter besonders häufig?*

✔ **Antwort:** In dieser Lebensphase sind Um- und Neuorientierungen unvermeidlich. Es wird eine **Lebensbilanz** gezogen und ein möglicher Tod in Erwägung gezogen.

Die Körperkräfte lassen nach, und der Beruf ist oft nicht mehr das entscheidende Betätigungsfeld. Deshalb kommt es in diesem Lebensabschnitt besonders oft zu **depressiven** oder **ängstlichen** Verstimmungen. **Hypochondrische** Befürchtungen treten vermehrt auf. Aber auch die Verdrängung oder Verleugnung der Tatsachen des Alterns kann zu Konfliktreaktionen führen.

Eine frühzeitige geistige und emotionale Beschäftigung mit dem Älterwerden und dem Tod kann helfen, das Konfliktpotential dieser Problematik zu verringern.

? ***Frage:*** *Ist es möglich, psychischen Erkrankungen im Alter vorzubeugen?*

Antwort: Eine **primäre Prävention** ist nur möglich durch die Verhinderung körperlicher Krankheiten, die mit psychischen Beeinträchtigungen einhergehen.

Sekundär und **tertiär** sollten die bestehenden psychischen und physischen Kräfte des alten Menschen unterstützt und, wenn möglich, ausgebaut werden. Vielen Alterskranken fehlt einfach eine Aufgabe oder eine sinnvolle Beschäftigung, die ihnen für ihren letzten Lebensabschnitt ausreichende Kraft gibt.

Ebenso müssen viele Alterskranken vor Ausnutzung und Überforderung geschützt werden. Das kann z. B. durch Tagesstätten, in beschützenden Wohngemeinschaften und ähnlichen Einrichtungen verwirklicht werden. Die Beschäftigung mit dieser Lebensphase darf nicht erst im Alter einsetzen, die ÄrztIn sollte eine PatientIn frühzeitig auf diese Problematik hinweisen.

? ***Frage:*** *Welche Grundsätze sind bei der Somatotherapie von Alterskranken zu beachten?*

Antwort: Bei einer medikamentösen Therapie im Alter sind die Dosierungen im allgemeinen viel geringer anzusetzen als bei Kranken in früheren Lebensjahren. Durch den geringeren Flüssigkeitsanteil im Körper ist der Plasmaspiegel der Medikamente relativ höher. Der Abbau der wirksamen Subtanzen kann verringert oder verzögert stattfinden. Insbesondere Sedativa können zu einer paradoxen Wirkung führen. Die Kranken können nach der Einnahme unruhig und schlaflos sein. Hier hilft nur eine **Reduzierung der Dosierung** oder ein völliger Verzicht auf diese Medikamentengruppe.

Besonders beachtet werden müssen die Parameter der Herz-Kreislaufssystems, da sie meist den limitierenden Faktor der **körperlichen und geistigen** Leistungsfähigkeit darstellen.

Dazu gehören
- ein ausreichendes Herzminutenvolumen
- eine Stabilisierung des Blutdrucks
- Verbesserung der Fließeigenschaften des Blutes
- und eine Verbesserung der Hirndurchblutung.

? ***Frage:*** *Ist bei alten Menschen eine Psychopharmaka-Therapie sinnvoll?*

✔ **Antwort:** Bei der **Somatotherapie** kann eine Behandlung mit **Psychopharmaka** in Abhängigkeit von der psychischen Grunderkrankung notwendig und sinnvoll sein.

Antidepressiva in niedriger Dosierung sind bei depressiven Verstimmungen ebenso indiziert wie Neuroleptika bei paranoid-halluzinatorischen Zuständen.

? ***Frage:*** *Welche Möglichkeiten besitzt die Psychotherapie, den Alterskranken bei der Bewältigung ihrer Probleme zu helfen?*

Antwort: So wie in frühen Lebensjahren Konflikte daraus entstehen, daß die Möglichkeiten und Anforderungen einer weitergehenden persönlichen **Differenzierung** nicht akzeptiert werden und diese Menschen dann auf dieser Entwicklungsstufe verharren oder sogar in eine frühere zurückfallen, so gibt es bei alten Menschen einen Prozeß der Regression oder **Entdifferenzierung** aus nicht mehr akzeptierten Zuständen. Sie fühlen sich nicht mehr fähig, den eigenen Leistungsanforderungen oder denen ihrer Umwelt zu entsprechen und fallen angesichts dieser Unmöglichkeit in eine allgemeine **Hilflosigkeit** zurück, in der sie für nichts mehr verantwortlich sind.

Die **Psychotherapie** muß versuchen, diese Bestrebungen den alten Menschen bewußt zu machen. Sie sollte soweit einsichts- und konfliktzentriert arbeiten, als sie die Grenze des Tragbaren für die PatientIn nicht überschreitet. Eine Infragestellung des gesamten Entwicklungsprozesses eines Menschen kann nicht das Ziel der Therapie sein.

8. Spezifische Syndrome des Kinder und Jugendalters

8.1 Oligophrenien

? *Frage: Wie definieren Sie die Oligophrenie?*

✔ **Antwort:** Die **Oligophrenie** wurde früher auch Schwachsinn genannt und bezeichnet alle angeborenen oder früherworbenen Beeinträchtigungen der persönlichen, psychischen und intellektuellen Entwicklung.

Um eine sprachliche Diskriminierung zu vermeiden, faßt man alle Gruppen der Behinderung – unabhängig von dem Zeitpunkt Ihres Erwerbs – unter dem Begriff der geistigen Behinderung. Insgesamt sollen etwa 5% der Bevölkerung betroffen sein.

? *Frage: Welche Ursachengruppen der geistigen Behinderung kennen Sie?*

✔ **Antwort:** Es gibt drei große Gruppen.

Die erste umfaßt alle erblich bedingten Behinderungen, die zweite die chromosomal verursachten und die dritte alle Behinderungen, die durch exogene Schädigungen vor, während oder nach der Geburt entstanden sind.

Der größte Anteil der erblich bedingten geistigen Behinderung bleibt ätiologisch ungeklärt. Der Erbgang ist multifaktoriell, d. h. bei Behinderung eines Elternteiles werden 30% der Kinder ebenfalls behindert sein. Wenn beide Elternteile eine Behinderung haben, sind sogar 60% der Kinder geistig behindert.

? *Frage: Welche Einteilung der Oligophrenie hat die WHO vorgenommen und welche Begründung gibt es dafür?*

✔ **Antwort:** Der einheitliche Begriff für alle Störungen der geistigen Leistungsfähigkeit ist die geistige Behinderung.

Die WHO unterscheidet vier Grade, die einerseits mit Hilfe eines Intelligenztestes definiert werden, andereseits auch mit Hilfe der lebenspraktischen Fähigkeiten beschrieben werden können, die eine Behinderte mit entsprechender Förderung erreichen kann.

- Die **leichte intellektuelle Behinderung** besteht bei einem IQ von 50-70. Ein durchschnittlicher Hauptschulabschluss und ein Beruf kann nicht erreicht werden. Die Behinderte kann aber ihr Leben durchaus selbständig führen und Hilfsarbeiten verrichten.

- Bei **deutlichem Schwachsinn** und einem IQ von 35-49 kann keine eigenständige Lebensführung mehr erreicht werden. Eine normale Erwerbstätigkeit ist ausgeschlossen.
- **Schwerer Schwachsinn** und **hochgradiger Schwachsinn** sind kaum voneinander zu trennen. Der IQ liegt zwischen 1 und 34. In jedem Falle treten schwere Entwicklungsschwierigkeiten auf. Die Sprache kann nicht erlernt werden und die Bewegungsfähigkeit ist eingeschränkt. Es besteht meist eine totale Hilfs- und Pflegebedürftigkeit.

Alle Kategorien besitzen fließende Übergänge. Übergänge zum Gesunden lassen sich nicht genau festlegen.

? *Frage: Welche Formen der geistigen Behinderung mit geklärter Ursache sind am häufigsten anzutreffen?*

✔ **Antwort:** Die häufigste chromosomal verursachte geistige Behinderung ist das **Down-Syndrom.**

Es macht etwa 9% aller Behinderungen aus. Es wird durch ein überzähliges Chromosom 21 verursacht.

Auch geschlechtschromosomale Abweichungen können zur Minderbegabung führen. Bei Männeren sind es das Klinefelter-Syndrom (XXY) und das XYY-Syndrom. Bei Frauen das Turner-Syndrom (XO) und das Triplo-X-Syndrom (XXX).

Die **Phenylketonurie** ist die häufigste exogen bedingte Erkrankung mit Minderbegabung, deren Ätiologie bekannt ist. Durch das Fehlen der Phenylalanin-Hydroxylase wird Phenylalanin nicht in Tyrosin umgewandelt. Das angereicherte Tyrosin wirkt toxisch auf das ZNS.

Pränatal sind Virusinfektionen, Medikamenten-einnahmen und Blutgruppenunverträglichkeiten zu beachten und entsprechende Vorsichtsmaßnahmen zu ergreifen.

Perinatal spielt vor allem eine mangelnde Versorgung des Kindes mit Sauerstoff die wichtigste Rolle.

Postnatal können alle Faktoren, die die Hirnentwicklung schädigen, zu geistiger Behinderung führen: Frühgeburtlichkeit, schwere Ernährungsstörungen, Krampfanfälle, Infektionen des Gehirns und schwer verlaufende frühe Kinderkrankheiten.

? *Frage: Welche Leistungen sind bei geistiger Behinderung im allgemeinen besonders eingeschränkt?*

Antwort: Der zentrale Punkt ist die *eingeschränkte intellektuelle Entwicklung.*

Abstraktes, logisches Denken ist meistens nicht möglich. Auch die Aufmerksamkeit, die Merkfähigkeit und die Sprache sind in der Regel gestört.

Diese Symptome sind erst nach dem dritten Lebensjahr deutlich sichtbar. Vorher ist es die motorische Entwicklung, die auffällig verzögert ist. Krabbeln, Stehen, Laufen und auch der Spracherwerb werden verspätet erlernt.

Insgesamt ist die Persönlichkeit der Behinderten gering differenziert. Sie neigen zu Affektausbrüchen und sind häufig dysphorisch gestimmt. Diese Erscheinungen sind aber nicht leicht von der Reaktion auf die Isolierung und Geringschätzung, die sie häufig durch ihre Umwelt erfahren, zu trennen.

? *Frage: Ein junges Ehepaar das vermutet, daß ihr 5-jähriges Kind geistig behindert ist, kommt zu Ihnen in die Sprechstunde. Deshalb wollen sie es auf eine Sonderschule gehen lassen. Sie möchten aber, daß Sie eine ärztliche Diagnose stellen und etwas über die Chancen der weiteren Entwicklung des Kindes sagen.*
— Wie kommen Sie zu Ihrer Diagnose?

✔ **Antwort:** Es müssen neben einer sorgfältigen körperlichen Untersuchung, die die motorische und sensorische Leistungsfähigkeit beurteilen soll, mehrere testpsychologische Untersuchungen vorgenommen werden. Nur so kann die Störung genauer differenziert werden und mögliche Begabungsschwerpunkte erkannt werden. Diese können einen Hinweis auf die optimale Ausbildung und das spätere Betätigungsfeld des Patienten geben.

Differentialdiagnostisch muß der Autismus und eine später erworbene Demenz ausgeschlossen werden. In beiden Fällen ist die Intelligenz und persönliche Differenzierung primär größer als bei der geistigen Behinderung. Reste davon sollten auch bei der Demenz noch feststellbar sein. Die Eltern müssen deshalb zur früheren Entwicklung ihres Kindes genau befragt werden.

? *Frage: Welche therapeutischen Möglichkeiten gibt es?*

✔ **Antwort:** Spezifische medikamentöse Behandlungsmöglichkeiten existieren nicht.

Die Behinderten müssen in ihren Anlagen optimal gefördert werden. Dazu können alle heilpädagogischen Maßnahmen beitragen, sei es von privater Seite oder von öffentlich geförderten Einrichtungen aus. Krankengymnastik, Logopädie, speziell eingerichtete Kindergärten und Sonderschulen gehen auf die Behinderten ein. In der späteren Ausbildung können beschützende Werkstätten und Wohngemeinschaften dazu beitragen, die geistig Behinderten in die Gesellschaft zu integrieren.

Eine Überforderung der Behinderten ist genauso zu vermeiden wie eine Unterforderung.

? *Frage: Welche Frühuntersuchungen des Neugeborenen müssen vorgenommen werden, um eine mögliche spätere Schädigung der Hirnfunktion zu erkennen?*

✔ **Antwort:** Um eine optimale Früherkennung durchzuführen, wird bei allen Neugeborenen der *Guthrie-Test* durchgeführt. Dieses Screening-Verfahren erfaßt die **Phenylketonurie**, einen angeborenen Mangel der Phenylalaninhydroxylase. Die Phenylketonurie läßt sich mit Hilfe einer alaninfreien Diät bis zum Schulalter effektiv vermeiden.

Ahornsirupkrankheit, an frühkindlichen Krämpfen erkennbar, und **Galaktosämie**, die mit Erbrechen der Milch einhergeht, können ebenfalls, wenn sie frühzeitig erkannt werden, mit Hilfe entsprechender Diäten behandelt weden. Bei der Ahornsirupkrankheit muß eine eiweißarme Diät unter Zusatz von einzelnen Aminosäuren verordnet werden. Bei der Galaktosämie muß die Gabe von Galaktose, z.B. in der Kuhmilch, vermieden werden.

Auch eine **Schilddrüsenunterfunktion** kann mit Hilfe einer Thyroxin-Bestimmung früh diagnostiziert werden. Durch Zufuhr von L-Thyroxin kann der sonst drohende Kretinismus vermieden werden.

8.2 Frühkindliches exogenes Psychosyndrom

Fallgeschichte

Die Mutter kommt mit einem 6-jährigen Kind zu Ihnen in die Sprechstunde und berichtet, daß sie Angst hätte, ihr Kind sei nicht normal. Es würde nicht so flüssig sprechen wie die anderen und fiele beim Herumlaufen mit den anderen Kindern häufig hin. Es äße lieber mit den Händen als mit dem Besteck und spiele auch nicht Fußball mit den anderen, obwohl ihr anderer Sohn das in diesem Alter schon gekonnt hätte.

Das Kind macht einen äußerlich unauffälligen, etwas unaufmerksamen, aber gesunden Eindruck.

? *Frage: Welche Verdachtsdiagnose haben Sie und wie gehen Sie weiter vor?*

✔ **Antwort:** Die bisher angeführten Tatsachen weisen auf eine Hirnschädigung des Kindes hin, ohne die eigentliche Ursache oder den Zeitpunkt der Beeinträchtigung deutlich erkennen zu lassen.

Das Kind muß gründlich auf neurologische und motorische Fehlentwicklungen untersucht werden. Ein ausführliches Gespräch und eine testpsychologische Beurteilung – möglichst mit mehreren verschiedenen Tests – sollte vorgenommen werden. So kann eine psychische oder intellektuelle Teilleistungsschwäche besser eingegrenzt werden.

? ***Frage:** Die Verdachtsdiagnose ist die eines frühkindlich exogenen Psychosyndroms. Die Grenzen zur leichten intellektuellen Minderbegabung sind fließend. Das Kind hat eine normales Seh- und Hörvermögen. Im HAWIK zeigt es das Intelligenzalter eines 6-jährigen Kindes, in einigen anderen Tests zeigt es Teilleistungsschwächen. Im Gespräch kann oder will es nicht aufmerksam zuhören. Es ist motorisch unruhig, fahrig in seinen Bewegungen und leicht mißgestimmt. Der Sprachrhythmus ist gestört. Sie stellen die Diagnose eines frühkindlich exogenen Psychosyndroms. Im englischsprachigen Raum wird dieses „minimal cerebral dysfunction" genannt, weil sich eine exogene Ursache für die Schädigung nicht immer nachweisen läßt.*
— Welche therapeutischen Maßnahmen empfehlen Sie?

✔ **Antwort:** Die Erziehungsberatung für die Eltern sollte auf die Gefahren der Überforderung und Unterforderung des Kindes eingehen. Falsche Erwartungen von Seiten der Eltern können zu Angst und Leistungsabfall der Kinder führen. Das Kind zieht sich dann von seiner Umwelt zurück und verringert so die Möglichkeit, positiv auf seine Entwicklung einzuwirken. Bei entsprechendem Verständnis und angemessener Förderung kann die Teilleistungsschwäche in der Regel kompensiert werden.

Die einzige Indikation für eine medikamentöse Behandlung ist die Beruhigung hypermotorischer, fahriger Kinder. Hier hat sich die Behandlung mit Weckaminen bewährt. Schulkindern gibt man 510 mg Methylphenidat (Ritalin®) einmal am Morgen. Infolge der paradoxen Wirkung kommt es zu einer Beruhigung und Konzentrationssteigerung der Kinder. Falls innerhalb von zwei Wochen kein Erfolg sichtbar wird, sollte die Behandlung abgesetzt werden.

? *Frage: Wie kann eine nach dem Kleinkindalter einsetzende Hirnschädingung frühzeitig erkannt werden?*

✔ **Antwort:** Anamnestisch kann man einen Stillstand oder sogar Rückschritt der kindlichen Entwicklung erfragen.

Besonders deutlich wird ein Rückschritt in der *Sprachentwicklung.* Wortschatz und Ausdrucksfähigkeit sowie der Sprachrhythmus bilden sich zurück und werden in ihrer Störung für die Umwelt erkennbar.

In jedem Fall müssen organische Schädigungen ausgeschlossen werden, da auch kindliche Schwerhörigkeit oder Sehschwäche zu einer Retardierung der Entwicklung führen können.

? *Frage: Ist Legasthenie eine Krankheit?*

✔ **Antwort: Legasthenie** ist eine Teilleistungsschwäche, deren Ätiologie nicht völlig aufgeklärt ist. Fast immer sind die Fähigkeiten des Lesens und der Rechtschreibung betroffen. Die Intelligenz ist eher überdurchschnittlich.

Es wird vermutet, daß Kordinierungsstörungen der Hirnhälften bestehen oder das Lernverhalten der Kinder nicht den üblichen Normen entspricht. Eine eigenständige Krankheit liegt aber nicht vor.

Zur Verbesserung der Problematik sollte jede negative Konditionierung vermieden werden. Strafe oder Isolierung in der Schule sind fehl am Platze. Ein spezielles Training kann die Schwierigkeiten vermindern.

8.3 Kindliche Psychosen

? *Frage: Gibt es typische kindliche Psychosen?*

✔ **Antwort:** Es gibt Psychosen, die regelmäßig vor der Pubertät beginnen. In diesem Fall kann man von typischen kindlichen Psychosen sprechen.

Die häufigste Form dieser Psychosen ist der **frühkindliche Autismus.**

Alle anderen Psychosen, deren Verlauf auch im Kindesalter beginnen kann, sind Frühformen z. B. der Schizophrenie oder einer affektiven Psychose. In der Regel sind Störungen, die im jugendlichen Alter auftreten, keine Psychosen sondern neurotische Fehlentwicklungen. Das muß bei jeder differentialdiagnostischen Überlegung mitbedacht werden.

? *Frage: Wie können Sie den Autismus von anderen frühkindlich auftretenden Störungen, z. B. einem frühkindlichen exogenem Psychosyndrom, unterscheiden?*

✔ **Antwort:** Der Autismus besitzt ein charakteristisches Symptombild, das ihn von den anderen frühkindlichen Störungen unterscheidet.

- **Selbstbezogenheit**. Die autistische Kinder ziehen sich in sich selbst zurück, und vermeiden den Kontakt mit ihrer Umwelt.
- **Objektbeziehung**. Die Kinder beschäftigen sich ausgiebig mit wenigen Gegenständen, z. B. Bauklötzen, oder haben nur ein Interessensgebiet, dem sie sich ausgiebig widmen.
- **Veränderungsangst**. Jede Veränderung des gewohnten Ablaufs oder das Wegnehmen gewohnter Gegenstände führt zu Angst, in manchen Fällen sogar zur Panik des Kindes. Die Angst kann nur dadurch verringert werden, daß die gewohnte Umgebung wiederhergestellt wird.
- **Sprachstörungen**. In ausgeprägten Fällen kommt es zu überhaupt keiner Sprachentwicklung. Auch das Sprachverständnis ist dann, soweit nachprüfbar, nicht vorhanden. In leichteren Fällen kommt es nur zu umschriebenen Sprachstörungen.

Störungen der Intelligenz und der motorischen Abläufe können ebenfalls auftreten, sind aber nicht obligat vorhanden.

? *Frage: Welche zwei Typen des Autismus unterscheidet man und wo liegen deren wesentliche Unterschiede?*

✔ **Antwort:** Die zwei Typen des Autismus, die in Deutschland unterschieden werden, sind nach ihren Erstbeschreibern benannt.

Der *Autismus vom Kanner-Typ* bezeichnet die schwere Ausprägung der Symptomatik. Die Kinder sind kaum zugänglich und in ihrer gesamten Entwicklung stark behindert. Sie haben eine enge Objektbeziehung und sind kaum fähig zur Kommunikation.

Der *Asperger-Typ* ist variantenreicher, da die Symptomatik nicht so stark ausgeprägt ist. Viele Kinder werden erst in der Schule auffällig. Sie zeigen oft ein situativ unangepaßtes Verhalten, das nicht in die Erwartungshaltung der Umwelt paßt. Die Sprachentwicklung kann früher oder wesentlich später als normal einsetzen, die Störungen müssen aber nicht deutlich erkennbar sein.

? *Frage: Wie ist der typische Krankheitsverlauf bei einem autistischen Kind?*

✔ **Antwort:** Der Verlauf dieser Erkrankung hängt im wesentlichen von der Stärke der Symptome ab. Die heilpädagogische und psychotherapeutische Behandlung sollte die vorhandenen Fähigkeiten fördern, eine regelrechte Heilung ist nicht möglich.

Es kommt vor, daß eine Störung vom Asperger-Typ in eine Schizophrenie mündet. Das unterstützt die These, der Autismus sei nur eine frühe Teilerscheinung einer Schizophrenie. Ein Beweis konnte dafür jedoch noch nicht erbracht werden.

Bei einem Teil der leichteren Autismusfälle bessert sich die Symptomatik nach der Pubertät so sehr, daß sie sich in ihr normales soziales Umfeld integrieren können. In schweren Fällen ist eine lebenslange Betreuung notwendig.

8.4 Sexuelle Entwicklungsschwierigkeiten

? *Frage: Ein Elternpaar kommt zu Ihnen in die Sprechstunde und berichtet, daß ihr dreizehnjähriger Sohn mit einem gleichaltrigen Freund sexuelle Beziehungen habe. Sie wüßten jetzt nicht, wie sie sich verhalten sollten.*
— Was raten Sie den Eltern?

✔ **Antwort:** Nahezu ein Drittel aller Jugendlichen macht eine homosexuelle Phase in ihrer Entwicklung durch. Diese Phase wird *Entwicklungshomosexualität* genannt.

Das Verhalten des Kindes ist in diesem Sinne normal und gibt keinen Anlaß, sich im Sinne der Eltern „Sorgen“ zu machen. Wenn das sexuelle Interesse des Kindes weiterhin auf das eigene Geschlecht gerichtet bleibt, kann eine therapeutische Begleitung der Familie sinnvoll sein, um mögliche familiäre Konflikte zu vermeiden.

8.5 Kindliche Fehlentwicklungen mit neurotischer oder nicht genau definierter Ursache

? *Frage: Was verstehen Sie unter Mutismus?*

✔ **Antwort:** Der **Mutismus** ist, im Gegensatz zu anderen Sprachstörungen, eine selektive Verweigerung des Sprechens mit einzelnen Personen. Die allgemeine Sprachfähigkeit bleibt erhalten und mit vertrauten Personen ist der Sprachkontakt normal. Nur in schweren Fällen findet eine totale Sprechverweigerung statt. In jedem Fall sollte in einem psychotherapeutischem Gespräch versucht werden, die Ursache der Störung zu finden.

? *Frage: Welche Erklärung für das Auftreten einer Enuresis oder Enkopresis kennen Sie?*

✔ **Antwort:** Von *Enuresis diurna* und *nocturna*, also Einnässen bei Tage oder bei Nacht, spricht man erst, wenn das Kind älter als 4 Jahre ist. Bei 10% aller Kinder kann es bei psychischer oder emotioneller Belastung vorübergehend zu Einnässen kommen.

Sauberkeitsverhalten wird erlernt und kann auf verschiedenen Ebenen gestört sein. Erst wenn eine organische Störung ausgeschlossen ist und die grundsätzliche Lernfähigkeit vorhanden ist, kann eine psychoreaktive Auslösung vorhanden sein.

Wenn z. B. die Sauberkeitserziehung „um jeden Preis“ angestrebt wird, kann es zu solch großen psychischen Belastungen kommen, daß die Kinder Angst vor dem Wasserlassen haben. Auch der Neid auf Geschwister oder familiäre Schwierigkeiten erschweren den Umgang mit den Ausscheidungsfunktionen.

Die *Enkopresis*, das Einkoten, tritt erst bei einem schwerwiegenden familiären Konflikt auf. In der Regel ist das Verhältnis zur Mutter durch kindliche Aggressionen oder mütterliche Übererwartung gestört. Hier hilft nur eine familiäre psychotherapeutische Behandlung.

? ***Frage:** Welche Gefahr besteht für ein Kind, das wegen Verbrennungen für sechs Wochen in Ihre chirurgische Abteilung kommt, um das sich die Eltern aber so gut wie nie kümmern?*

✔ **Antwort:** Es besteht die Gefahr des **Hospitalismus**, der dann auftritt, wenn die wichtigste Bezugsperson nicht mehr für das Kind vorhanden ist. Es reicht schon ein mehrwöchiger Krankenaufenthalt, um die Symptomatik hervorzurufen.

Es kann zu Apathie, zu psychosomatischen Störungen und sogar zu irreversiblen psychischen Schädigungen kommen.

? ***Frage:** Ein vierjähriges Kind wird zu Ihnen in die Sprechstunde gebracht, weil es nicht mehr richtig sprechen könne. Das Kind wirkt aufmerksam und gesund, bei ihren Fragen stottert es allerdings.*
— Welche differentialdiagnostischen Überlegungen müssen Sie anstellen?

✔ **Antwort: Stottern** ist eine Störung des normalen Sprachflusses, die Sprachmotorik ist dagegen ungestört.

Eine Variante ist das sogenannte Entwicklungsstottern. Der Gedankenfluß überschreitet die sprachlichen Ausdrucksmöglichkeiten und führt zu der vorübergehenden Störung. Erst wenn diesem Verhalten zu viel Beachtung geschenkt wird, kann es zu einer sekundären neurotischen Fixierung kommen.

In dem beschriebenen Fall muß keine Therapie eingeleitet werden. Erst wenn die Symptomatik bestehen bleibt, kann eine logopädische Behandlung notwendig werden.

8.6 Suizide im Kindesalter

? ***Frage:** Wie ernst müssen Sie die Selbstmorddrohung eines achtjährigen Mädchens nehmen?*

✔ **Antwort:** Schon ab sieben Jahren können Kinder eine Vorstellung davon haben, was der Tod bedeutet. Insofern muß eine Selbstmorddrohung mit acht Jahren ernst genommen werden. Der eigentliche Suizid ist in der Regel völlig überraschend für die Umwelt des Kindes und sieht häufig wie ein Unglücksfall aus.

Schwierigkeiten mit der eigenen Persönlichkeit, den Eltern, mit Freunden oder mit der Ich-Findung sind die häufigsten Gründe für den Selbstmord. Fast immer hat die Tat appellativen Charakter und läßt den Ausgang offen.

Insgesamt sind Kindersuizide selten.

9. Sexualität

? *Frage: Welche Formen sexueller Funktionsstörungen beim Mann unterscheidet man?*

✔ **Antwort:** Man unterscheidet grundsätzlich zwei Formen der Potenzstörungen, die Erektionsstörungen und die Ejakulationsstörungen.

- Unter den **Erektionsstörungen** ist die Erektionsschwäche (*Impotentia coeundi*) die häufigste. Die Erektion ist meist nicht vollständig aufgehoben, sie erfolgt nur unvollständig oder unregelmäßig. Impotentia coeundi tritt häufig bei sexuell leicht erregbaren und unerfahrenen Männern auf, deren Wünsche von einer hohen Erwartung an das sexuelle Erleben getragen werden.
- **Ejakulationsstörungen** sind Störungen des Ejakulationsablaufes, die beim organisch gesunden Mann auftreten.
  Die *Ejaculatio präcox*, der vorzeitige Samenerguß, erfolgt durch eine Beschleunigung im Erregungssablauf. Sie ist oft mit einer Erektionsschwäche verbunden. Die Ejaculatio präcox ist eine recht häufige Störung, die meist tieferliegende Ursachen hat. Sie hält häufig dauerhaft an.
  Ejakulatio retardata ist eine Verzögerung der Ejakulation. Oft liegen ihr organische Ursachen zugrunde. Sie kann aber auch im Zusammenhang mit einer fehlenden sexuellen Befriedigung auftreten.

Fallgeschichte

Ein 50jähriger Mann kommt zu Ihnen in die Praxis. Seitdem er vor einem Jahr die Stelle des Abteilungsleiters übernommen habe, fühle er sich zunehmend müde und überarbeitet. Er könne jetzt nachts nur noch schlecht schlafen. Im Laufe des Gespräches erfahren Sie, daß der Mann vor allem unter einer zeitweisen Impotenz leidet. An seiner Ehefrau liege es nicht, da in seiner Ehe eigentlich alles in Ordnung sei.

? *Frage: Welchen ersten diagnostischen Schritt unternehmen Sie, um die Ursache für die vorliegende Impotenz zu klären?*

✔ **Antwort:** Am Anfang der diagnostischen Reihe muß der Ausschluß körperlicher Ursachen stehen.

Schwere Nieren- und Lebererkrankungen, Erkrankungen des Zentralnervensystems, Medikamenteneinnahme, Alkoholismus und Drogenabhängigkeit können zu einer organisch bedingten Impotenz führen.

Von psychogener (funktioneller) Impotenz spricht man, wenn körperliche Ursachen ausgeschlossen werden können.

? *Frage: Sie haben den Mann körperlich untersucht und hierbei keinen Anhaltspunkt für eine organische Ursache gefunden. Auch die nächtliche Penis-Tumes-*

zenz-Messung erbrachte einen normalen Befund.
— Was tun Sie jetzt?

✔ **Antwort:** Zur Diagnoseerhärtung „psychogene Impotenz“ erhält die Anamnese besonderes Gewicht.

Es muß geklärt werden, welche Form der Potenzstörung vorliegt: Erektions- und/oder Ejakulationsstörung.

- Tritt die Störung nur zeitweise auf oder besteht sie immer?
- Tritt sie beim Koitus mit *einer* Frau auf oder eventuell auch bei anderen?
- Spielen situative Faktoren eine Rolle: Übermüdung, Alkohol, Räumlichkeiten, Beziehung zur Partnerin, Sexualverhalten der Partnerin?
- Wichtig sind auch Fragen zur biographischen Anamnese.
  So kann im obigen Beispiel angenommen werden, daß der Aufstieg zum Abteilungsleiter für den Mann eine besondere Belastungssituation darstellt.
- Wie groß sind ängstliche Selbstbeobachtung und sexueller Leistungsdruck?
  Diese können bei einmaligem Versagen als selbständige Mechanismen eine Potenzstörung fixieren.

? *Frage: Können Sie uns erklären, was man man unter dem Begriff „Frigidität“ versteht ?*

✔ **Antwort:** Unter **Frigidität** versteht man die sexuelle Lustlosigkeit und die mangelnde sexuelle Erlebnisfähigkeit der Frau.

Hiervon abzugrenzen ist die fehlende Orgasmusfähigkeit (Anorgasmie). Sie schließt eine befriedigende Sexualität nicht aus.

Nicht gleichzusetzen mit Frigidität ist die fehlende Erlebnismöglichkeit bei sexuell unerfahrenen Frauen. Auch eine Differenz im Ablauf der sexuellen Erregung der PartnerInnen, das heißt wenn der Orgasmus der Frau wesentlich später eintritt als der des Mannes, kann eine Frigidität vortäuschen.

? *Frage: Welche Ursachen können der mangelnden sexuellen Erlebnisfähigkeit der Frau zugrunde liegen?*

✔ **Antwort:** Die Ursachen für die sexuellen Erlebnisstörungen der Frau können sehr unterschiedlich sein.

Meist liegen ihr psychische Ursachen zugrunde.

- In der biographischen Anamnese läßt sich oft eine strenge, lieblose Erziehung, bei der Aufklärung und Zärtlichkeit unterdrückt wurden, finden.
- Situative Faktoren (z.B. beengte Wohnverhältnisse, depressive Verstimmungen, Konflikte und Belastungssituationen) können eine Rolle spielen.
- Frigidität kann als Abwehr gegen einen bestimmten Partner auftreten.
- Die Angst vor einer ungewollten Schwangerschaft kann das Sexualerleben stören. Ebenso die Furcht vor möglichen Nebenwirkungen empfängnisverhütender Maßnahmen.
  Eine gute ärztliche Beratung bei der Verschreibung solcher Mittel kann diese Ängste verringern.
- Falsche Erwartungshaltungen, zum Beispiel, immer einen Orgasmus erreichen zu müssen, können das Erleben beeinträchtigen.

- Schließlich verwenden manche Frauen unbewußt ihre sexuelle "Empfindungslosigkeit" um ihren Partner zu kränken oder sich unverwünschtem Geschlechtsverkehr zu entziehen.

? *Frage: Welche anderen funktionellen Sexualstörungen der Frau kennen Sie?*

✔ **Antwort: Vaginismus** ist eine schmerzhafte Verkrampfung der Scheidenmuskulatur. Meist wird schon die Penetration abgewehrt. Der sogenannte Penis captivus ist daher ein seltenes Phänomen.

Nach Buchard handelt es sich beim Vaginismus um ein schweres organneurotisches Krankheitsbild, bei dem die ängstliche Besetzung der Vaterfigur – und damit des Mannes – so schwerwiegend ist, daß das Eindringen des Penis als Bedrohung erlebt wird.

Als **Dyspareunie** werden Schmerzen im Genitalbereich während des Geschlechtsverkehrs bezeichnet. Ihr liegen, anders als beim Vaginismus, auch oft organische Ursachen (z.B. Urogenitalinfektionen) zugrunde.

? *Frage: Welche Therapiemöglichkeiten haben Sie bei einer Frau oder einem Mann mit funktionellen Sexualstörungen?*

✔ **Antwort:**

- Ein aufklärendes, beratendes Gespräch kann dazu beitragen, Erwartungsängste und bestehenden Leistungsdruck bei den Betroffenen zu vermindern.
- Bei älteren Menschen ist auf den physiologischen Rückgang der sexuellen Potenz hinzuweisen.
- Von paradoxer Intention spricht man, wenn die ÄrztIn die PartnerInnen zur Enthaltsamkeit auffordert, diese Aufforderung dann aber erfolgreich nicht beachtet wird.
- Je nach Ursache kann man den Betroffenen eine verhaltenstherapeutische (Masters und Johnson), analytische oder psychodynamische Psychotherapie anbieten.

? *Frage: Unter Homosexualität versteht man gleichgeschlechtliches Erleben und Verhalten. Bei ungefähr 30% aller Männer gibt es am Ende der Pubertät eine Durchgangsstadium mit Neigung zu homosexuellem Erleben. Im Erwachsenenalter ist das Verhalten heterosexuell.*
— Wie nennt man diese Form der Homosexualität?
— Welche anderen Formen kennen Sie?

✔ **Antwort:** Die oben beschriebene Form der Homosexualität bezeichnet man als **Entwicklungshomosexualität**.

Von dieser abzugrenzen ist:

- Die **Neigungshomosexualität**.
Bei einem psychisch und körperlich normalen Menschen liegt eine andauerende sexuelle Neigung zu gleichgeschlechtlichen PartnerInnen vor. Es handelt sich um die Kerngruppe der Homosexuellen. Eine Änderung ihrer Neigung durch ärztliche Behandlung wird in dieser Gruppe abgelehnt. Eher sind es soziale Isolierung und daraus entstehende persönliche Probleme, die die Homosexuellen zur ÄrztIn führen.
- Die **Hemmungshomomsexualität**.
Zu dieser Gruppe werden Menschen gezählt, deren psychosexuelle Entwicklung bei Beziehungen zum vertrauteren Geschlecht stehengeblieben ist. Aus vielfältigen Gründen besteht Angst vor Heterosexualität. Die Homosexualität wird so-

mit zum Ersatz für die verdrängte Heterosexualität.
Diese Homosexuellen leiden oft unter ihrer Neigung und wünschen eine therapeutische Befreiung davon.

- Die **Pseudohomosexualität**.
Heterosexuelle Männer – sehr viel weniger Frauen – geben sich aus Mangel an heterosexuellen Kontakten (Gefängnis, Militärdienst) oder aufgrund materiellen Gewinns (Strichjungen) homosexuellen Handlungen hin.

? *Frage: Auch heute noch leiden Homosexuelle vor allem an der sozialen Ächtung durch die heterosexuelle Mehrheit. Durch AIDS ist in jüngster Zeit eine erneute Belastung entstanden.*
— Welche persönlichen Probleme entstehen für die Betroffenen daraus?

✔ **Antwort:** Viele Homosexuelle tendieren dazu, ihre Neigung aus Angst vor den sozialen Folgen auch vor den engsten Verwandten geheim zu halten.

Andere treten in die Öffentlichkeit und kämpfen für das Recht, als gleichwertige Gruppe anerkannt zu werden.

Verheimlichung und Rückzug einerseits, offene Verachtung und Ablehnung durch die Gesellschaft andererseits, führen zu Isolierung und Vereinsamung. Daraus entwickeln sich häufig reaktive Depressionen, Selbstwertkrisen und süchtiges Verhalten.

Bem.: Die Homosexualität unter Erwachsenen ist in der Deutschland seit 1970 straffrei.

Die Gefahr der Vereinsamung ist im Alter besonders groß, da tragfähige Partnerbeziehungen vor allem bei männlichen Homosexuellen selten sind.

Ärztliche Behandlung soll den Homosexuellen helfen, ihre Neigung anzuerkennen, sie vor Selbstmord, Promiskuität und Vereinsamung zu schützen.

? *Frage: Welche Erklärungsmodelle für die Genese der Homosexualität kennen Sie?*

✔ **Antwort:** Grundsätzlich ist zu sagen, daß die Ursache für die Ausbildung homosexuellen Verhaltens nicht bekannt ist.

Es ließen sich keine chromosomalen, biochemischen oder hormonellen Abweichungen finden. Auch eine einheitliche psychogene Genese ist nicht gesichert.

Heute bestehen vor allem zwei Hypothesen.

Homosexualität ist eine somatisch begründete Abweichung des Sexualverhaltens (*biologische Genese*).
Dafür sprechen eine erhöhte Konkordanzrate bei eineiigen Zwillingen und eine familiäre Häufung.
Untersuchungen haben erbracht, daß die Mütter späterer Homosexueller bei der Geburt ihres Kindes relativ alt waren.
Eine chromosomale Ursache für die Entstehung der Homosexualität konnte aber nicht gefunden werden.

Eine in letzter Zeit zunehmend an Bedeutung gewinnende Theorie zur Entstehung der Homosexualität geht davon aus, daß eine hormonelle Sensibilisierung bestimmter zentralnervöser Strukturen durch Androgene in der intrauterinen Entwicklungsphase zugrunde liegt.

In der psychoanalytischen und psychodynamischen Theorie werden psychosoziale Faktoren als Ursache für die Entstehung der Homosexualität angesehen (*psychische/psychodynamische Genese*).

Homosexualität entsteht nach psychoanalytischem Konzept dadurch, daß das männliche Kind sich nicht mit der männlichen Rolle identifizieren kann, wenn der Vater emotional distanziert oder ständig abwesendend ist. Das Kind identifiziert sich dann mit der Mutter.

? ***Frage:** Wie bezeichnen Sie einen Menschen, der sich nur in Kleidern des anderen Geschlechtes wohlfühlt?*

✔ **Antwort: Transvestiten** sind Menschen, überwiegend Männer, die eine sexuelle Lust am Tragen von Kleidern des anderen Geschlechtes empfinden.

Sie vertreten aber nicht die Überzeugung, dem anderen Geschlecht wirklich anzugehören. Der Geschlechtswandel wird also nur in den Kleidern vollzogen.

Transvestiten sind zu 50% heterosexuell.

Vom Transvestitismus gibt es fließende Übergänge zur **Transsexualität,** die fast nur Männer betrifft.

Transsexuelle fühlen sich durch einen Irrtum der Natur im falschen Geschlecht verkörpert. Sie lehnen ihr eigenes Geschlecht vehement ab. Diese Überzeugung führt zum Wunsch nach einer operativer Geschlechtsumwandlung. Das Ziel, dadurch eine geschlechtliche Identität zu erreichen, steht vor dem Wunsch nach befriedigender Sexualität. Das sexuelle Verhalten kann heterosexuell oder homosexuell sein.

? ***Frage:** Wie sieht bei einem Menschen, der sich im falschen Geschlecht verkörpert sieht, das therapeutische Vorgehen aus?*

✔ **Antwort:** Transsexuelle sind nur einer Therapie zugänglich, die auf eine Umwandlung ihres biologischen Geschlechtes zielt.

Einer operativen Geschlechtsumwandlung müssen eine eingehende Psychotherapie und die Behandlung mit Hormonen (Östrogenen bzw. Androgenen) vorausgehen.

10. Suizid

? ***Frage:*** *Was versteht man unter Suizid und durch welche Situationen werden Suizidhandlungen begünstigt?*

✔ **Antwort: Suizid** ist eine absichtlich vorgenommene Selbsttötung.

Ursache sind Krisensituationen, die den SuizidentInnen so unerträglich und ausweglos erscheinen, daß der Tod als einzige Lösung angesehen wird.

Beispiele für solche Krisensituationen sind private Enttäuschungen und Verluste, finanzielle Notsituationen, Angst vor einer Erkrankung, vor der Entdeckung einer Schuld, dem beruflichem Abstieg oder einem schmerzhaften Tod.

? ***Frage:*** *Welches ist die wichtigste diagnostische Maßnahme für Sie als ÄrztIn zur Erfassung von Suizidgedanken und -tendenzen?*

✔ **Antwort:** Viele suizidale Menschen suchen vor dem beabsichtigten Selbstmord den ärztlichen Kontakt. Dabei äußern aber die Wenigsten offen ihre Suizidabsichten.

Die Aufgabe ist es, im ärztlichen Gespräch schon bei geringstem Verdacht Suizidabsichten gezielt anzusprechen.

Die Haltung der ÄrztIn sollte Mitgefühl und Verständnis ausdrücken. Auf keinen Fall darf sie versuchen, der Suizidalen ihre Absichten auszureden, da sie sonst das Vertrauen der PatientIn leicht zerstören würde.

Im Gespräch sollte ferner geklärt werden:

- Welche Problematik liegt den Suizidabsichten zugrunde?
- In welcher sozialen Situation befindet sich die Suizidale?
- Wie sind die Beziehungen zu nahestehenden Personen?

Daß die PatientInnen jemandem ihre Suizidabsichten anvertrauen können, bedeutet allein schon eine psychische Entlastung und hilft, die akute Situation zu entschärfen.

? ***Frage:*** *Im ärztlichen Gespräch mit einer suizidalen PatientIn geht es zunächst darum, Selbstmordabsichten zu erkennen und die akute Situation zu entlasten.*
Für das weitere therapeutische Vorgehen sind aber noch andere Aspekte von Bedeutung.
— Welche sind das?

✔ **Antwort:** Für das weitere therapeutische Vorgehen ist es wichtig, folgende Fragen zu klären:

- Mit welcher Intensität werden Suizidabsichten geäußert?
- Wenn nach anhaltenden Suizidgedanken die PatientIn kurzfristig entspannt wirkt, keine Selbstmordabsichten mehr äußert und die Stimmung aufgehellt wirkt, droht besondere Gefahr. Es kann sich dabei um die entlastende Wirkung einer endgültig gefaßten Suizidabsicht handeln.

- Können Angehörige in die Betreuung der suizidalen PatientIn einbezogen werden?
- Ist eine seelische Vorerkrankung bekannt?

? ***Frage:** Welche therapeutischen Konsequenzen ergeben sich nach Klärung der oben angesprochenen Aspekte?*

✔ **Antwort:**

- Bei nicht akuter Suizidalität kann die PatientIn nach einem aufklärenden Gespräch mit den Angehörigen in ihre häusliche Umgebung entlassen werden.
  Eine kontinuierliche ärztliche Betreuung ist zur Erkennung einer fortbestehenden oder erneuten Suizidalität anzustreben.
  Feste mitmenschliche Beziehungen und Verpflichtungen sind der beste Schutz vor der Ausführung von Selbstmordabsichten.
- In diese Bemühungen sollten neben den Angehörigen und ärztlichen BetreuerInnen auch öffentliche oder private Einrichtungen (Selbsthilfegruppen oder Beratungsstellen) einbezogen werden.
- Bei längerdauerndem Fortbestehen der Suizidalität sollte eine Einweisung in eine psychiatrische Behandlung erfolgen.
- Bei akut bedrohlicher Suizidalität muß eine Unterbringung auf einer geschlossenen Station erfolgen. Diese muß gegebenenfalls zum Schutz der PatientIn gegen ihren Willen mittels einer behördlichrichterlichen Einweisung erfolgen.
- Bei Suizidalität im Rahmen einer bekannten psychischen Erkrankung steht die Behandlung der Grundkrankheit im Vordergrund.
  Bei depressiven Syndromen werden sedierende Antidepressiva, zum Beispiel Doxepin (Aponal®) oder Amitriptylin (Saroten®), eingesetzt. Bei starker Erregung kann anfänglich ein Benzodiazepin, zum Beispiel Diazepam (Valium R), zugegeben werden.
  Bei Suizidabsichten im Rahmen einer Schizophrenie steht die antipsychotische Behandlung mit Neuroleptika, zum Beispiel mit Haloperidol (Haldol®) oder Perazin (Taxilan®), an erster Stelle. Ungefähr 20% der schizophrenen PatientInnen weisen Suizidtendenzen auf.

? ***Frage:** Wie groß ist die Zeitspanne zwischen dem ersten Selbstmordgedanken und der Ausführung des Suizids?*

✔ **Antwort:** Die Zeitspanne kann sehr verschieden sein.

Eine Form des Selbstmordes mit einer kurzen Zeitspanne ist der Kurzschluß-Suizid. Hierbei führt eine plötzliche situative Belastung zu der Annahme, daß der Tod den einzigen Ausweg darstellt. Zwischen dem ersten Gedanken an den Suizid und seiner Ausführung liegt oft weniger als ein Tag. Da meist keine Vorbereitungen getroffen werden, gelingt der Selbstmord selten.

Daneben gibt es auch den oft monatelang vorbereiteten Suizid.

Je länger die Zeitspanne zwischen dem ersten Selbstmordgedanken und der Ausführung, desto wahrscheinlicher ist ein tödlicher Ausgang. Das hängt damit zusammen, daß der Selbstmord sorgfältiger geplant wird und die Methoden der Durchführung radikaler sind.

? *Frage: Welche Gruppen in der Bevölkerung sind besonders suizidgefährdet?*

✔ **Antwort:**

- *Alleinstehende.* Ledige begehen zweimal so häufig Selbstmord wie Verheiratete, Geschiedene und Verwitwete sogar 4-5 mal so häufig. Nach der Statistik sind Verheiratete mit Kindern am wenigsten gefährdet.
- *Körperlich Kranke.* Angst vor dem Ausbruch oder den Folgen einer Erkrankung können Gründe für einen Suizid sein. Vor allem für unheilbar chronisch Kranke kann die Selbsttötung manchmal der einzige Ausweg sein, sich der Hoffnungslosigkeit und Resignation zu entziehen.
- *PsychotikerInnen.* Ungefähr ein Drittel aller Selbstmorde lassen sich auf eine endogene Psychose zurückführen. Der Anteil bei Selbstmordversuchen ist geringer, er liegt zwischen 20-25%.
  Somit kann gesagt werden, daß Selbstmordhandlungen von psychotisch Erkrankten häufiger tödlich enden als die von NichtpsychotikerInnen.
- *Süchtige.* Suizidhandlungen werden durch die soziale Isolation süchtig Kranker und die zeitweise auftretenden depressiven Verstimmungen begünstigt.

? *Frage: Treten Suizide in bestimmten Lebensabschnitten gehäuft auf?*

✔ **Antwort**: Besonders gefährdet sind Menschen in biologischen Krisenzeiten.

In der Pubertät, Jugendalter, Klimakterium und Präsenium bedingen Umstellung und Neuorientierung eine erhöhte Suizidgefahr.

In der Selbstmordstatistik liegen die beiden Häufigkeitsgipfel demnach auch in der Jugend (15-25 Jahre) und in der Lebensmitte (45-55 Jahre).

? *Frage: Welche Methode wird in Europa bei Selbstmordversuchen am häufigsten angewandt?*

✔ **Antwort**: In Europa stehen unter den für einen Selbstmordversuch gewählten Mitteln die *Vergiftung mit Schlafmitteln* an erster Stelle (90%).

Dies hat mehrere Gründe:

- Sie sind leicht zugänglich.
- Die Anwendung dieser Methode ist schmerzfrei und kommt dem Wunsch der Suizidalen nach Einschlafen und Vergessen entgegen.
- Sie läßt den tödlichen Ausgang offen. Das spielt vor allem dann eine Rolle, wenn ein Selbstmordversuch Appellcharakter haben soll oder sogar als erpresserisches Mittel anderen Menschen gegenüber eingesetzt wird.

? *Frage: Wie groß ist die Selbstmordrate in Deutschland?*

✔ **Antwort**: Als **Selbstmordrate** bezeichnet man die Anzahl der Selbstmorde bezogen auf 100 000 EinwohnerInnen pro Jahr.

Die durchschnittliche Rate liegt in Deutschland bei 18. Die höchste Rate hat West-Berlin mit 39,5.

Den Selbstmorden stehen 4-10 mal so viele bekannte Selbstmordversuche gegenüber. Die Dunkelziffer ist aber gerade bei Selbstmordversuchen so groß, daß die tatsächliche Zahl wahrscheinlich sehr viel höher anzusetzen ist.

? **Frage:** *Wie sieht die Geschlechterverteilung bei Selbstmorden und Selbstmordversuchen aus?*

✔ **Antwort:** Selbstmordversuche sind bei Frauen doppelt so häufig wie bei Männern.

Das Verhältnis Männer zu Frauen ist bei Selbstmorden 2-4: 1. Diese Zahl zeigt, daß Selbstmordhandlungen von Männern in ihrer Ausführung radikaler sind und häufiger tödlich enden.

? **Frage:** *Welche Pharmaka können Sie bei der Behandlung einer akut suizidalen PatientIn neben den anderen therapeutischen Maßnahmen hilfreich einsetzen?*

✔ **Antwort:** Mit dem Einsatz von Psychopharmaka werden die Probleme einer suizidalen PatientIn nicht gelöst und ihre Suizidabsichten nicht beeinflußt. Dennoch kann eine angstlösende-sedierende Pharmakatherapie die Kranke beruhigen und so helfen, Suizidhandlungen zu verhindern.

Medikamente, die bei suizidalen PatientInnen eingesetzt werden können, sind:

- Benzodiazepine wie Diazepam (Valium®) in einer Dosierung von 5-10 mg p.o. oder i.m. und
- bei hochgradig erregten Suizidalen Neuroleptika wie Haloperidol (Haldol®) in einer Dosierung von 5-10 mg i.m. oder i.v.

11. Psychotherapeutische Verfahren

? ***Frage**: Beschränkt sich der Begriff „Psychotherapie“ nur auf die nicht-medikamentöse Behandlung in der Psychiatrie oder kommt ihm weiterreichende Bedeutung zu?*

✔ **Antwort**: In jeder ÄrztIn-PatientIn Beziehung spielt auch die persönliche Ansprache der PatientIn durch die ÄrztIn eine Rolle. Im weitesten Sinne ist daher der Versuch, die Kranke anhand bestimmter Vorstellungen zu beeinflussen, eine Form der Psychotherapie. Wenn es der ÄrztIn gelingt, ihre PatientIn von der Behandlung zu überzeugen, ergibt sich eine gute Compliance zwischen ÄrztIn und PatientIn.

In der Psychiatrie kommt dem Begriff der Psychotherapie deshalb entscheidende Bedeutung zu, weil hier die Möglichkeiten der nicht-medikamentösen Beeinflussung und Behandlung genau studiert und regelmäßig eingesetzt werden.

Die Psychoanalyse oder die Verhaltenstherapie sind zwei Beispiele für Formen der Psychotherapie, die mit Hilfe eines vereinbarten Regelwerks versuchen, der PatientIn zu helfen und ihre Symptome zu beseitigen.

? ***Frage**: Welche ärztlichen Führungsstile kennen Sie?*

✔ **Antwort**: Man unterscheidet drei Arten der ärztlichen Gesprächs- und Behandlungsführung.

- Bei der *uneingeschränkten ärztlichen Führung* bestimmt die ÄrztIn das ärztliche Gespräch und nimmt auch therapeutische Handlungen vor, die ihres Ermessens nach richtig und notwendig sind. Das trifft vor allem für komatöse oder schwer psychotische PatientInnen zu, die ihren Willen nicht mehr frei äußern können.
- Die *ÄrztInführung mit PatientInnenkooperation* benötigt die Mitarbeit der PatientInnen. Sie ist zum Beispiel wichtig bei diagnostischen Eingriffen oder bei der Einhaltung der Vorschriften zur Tabletteneinnahme.
  Sie ist die häufigste Art ärztlichen Führungsstils.
- In einer *arbeitsteiligen Partnerschaft* benötigt die PatientIn die ÄrztIn mehr als RatgeberIn und zur Hilfestellung, z. B. in Fragen der Hygiene oder der Ernährung bei chronischen Krankheiten wie Diabetes mellitus.

Beispiele für psychotherapeutische Behandlungsverfahren in dieser Einteilung sind das autogene Training und die Verhaltenstherapie, die zwischen der kooperierenden ÄrztInführung und der arbeitsteiligen Partnerschaft stehen. Arbeitsteilige Partnerschaften allein sind die psychoanalytischen Verfahren und die Gesprächstherapie nach Rogers.

? ***Frage**: Welchen Einfluß haben die Rollenerwartungen von PatientIn und ÄrztIn auf die Diagnose und die Therapie?*

✔ **Antwort**: Die Rollenerwartungen der ÄrztIn und der PatientIn werden durch positive und negative Sanktionen gesteuert.

Beispiele dafür sind, daß nicht die von der PatientIn gewünschte und erwartete Diagnose gestellt wird oder die PatientIn die Anweisungen der ÄrztIn nicht befolgt.

Hieraus kann eine Beeinträchtigung von Diagnose und Therapie entstehen, die zur Auflösung des ÄrztIn-PatientIn Verhältnisses führen kann.

? ***Frage:*** *Welche psychoanalytischen Behandlungsverfahren gibt es und was ist ihre gemeinsame Grundlage?*

✔ **Antwort**: Es gibt vier grundlegende psychoanalytische Behandlungsverfahren: Die klassische Psychoanalyse, die psychoanalytische Psychotherapie, die Kurztherapie und die Gruppenanalyse.

Für alle Verfahren gilt, daß ein unbewußter Konflikt Ursache der Erkrankung ist. Dieser Konflikt muß mit Hilfe des Introspektion der PatientIn erkannt und bearbeitet werden. Introspektion ist die Fähigkeit der PatientIn, ihre eigenen Gefühle, Wünsche, Erwartungen und Ängste zu erkennen und zu äußern. Das setzt natürlich ein Mindestmaß an Intelligenz und verbalen Fähigkeiten voraus.

Unterschiede zwischen diesen Verfahren existieren hauptsächlich nur in der äußeren Form, d. h. in der Länge der Behandlung oder in der Häufigkeit der therapeutischen Kontakte.

? ***Frage:*** *Wie unterscheiden Sie die Begriffe Projektion und Übertragung voneinander?*

✔ **Antwort**: Die Übertragung im allgemeinen Sinne ist die Zusammenfassung aller Erwartungen, Gefühle und Wahrnehmungen gegenüber einer anderen Person. Dieses Phänomen ist in zwischenmenschlichen Beziehungen immer vorhanden, auch z. B. bei den Erwartungen und Gefühlen einer PatientIn gegenüber ihrer ÄrztIn.

In der psychoanalytischen Theorie dagegen kommt den Begriffen Projektion und Übertragung eine besondere Rolle zu.

Mit **Projektion** ist eine Form neurotischer Abwehr gemeint, in der z. B. eigene Triebwünsche auf die PartnerIn übertragen und dort wahrgenommen werden.

Bei der **Übertragung** soll die PatientIn Wünsche, Gefühle, Phantasien und Erwartungen gegenüber einer wichtigen Bezugsperson ihrer Vergangenheit auf die TherapeutIn übertragen. In dieser Übertragungsneurose soll es der TherapeutIn möglich werden, den frühkindlichen Konflikt aufzudecken und gemeinsam mit der PatientIn zu bearbeiten.

? ***Frage:*** *Auf welche Weise erlangt die PsychoanalytikerIn Informationen über die verdeckten Konflikte ihrer PatientInnen?*

✔ **Antwort**: Das wichtigste Material der TherapeutIn zur Analyse der PatientInnensituation sind die Gedanken der PatientIn. Diese sollen ohne Vorbehalte, „frei assoziiert", in der Behandlungssituation mitgeteilt werden. Dazu zählen auch Träume, Erlebnisse oder Versprecher der PatientIn. Weitere Informationen für die TherapeutIn liefern die spezifischen Behandlungswiderstände und Übertragungen der PatientIn.

In der klassischen Psychoanalyse dürfen darüberhinausgehende fremdanamnestische Informationen nicht verwertet werden.

? *Frage: Welche Indikationen für das psychoanalytische Standardverfahren kennen Sie?*

✔ **Antwort**: Mit dem psychoanalytischen Standardverfahren lassen sich insbesondere neurotische Störungen, aber auch Charakterneurosen oder Persönlichkeitsstörungen behandeln.

Dazu zählen im einzelnen hysterische Neurosen, Phobien, Zwangsneurosen und neurotische Depressionen. Charakterneurosen und sexuelle Hemmungen sind ebenfalls Hauptindikationen für eine Psychoanalyse.

In allen diesen Fällen müssen auch die Indikationskriterien erfüllt sein, wenn eine psychoanalytische Behandlung ihren Zweck erfüllen soll. Beispiele dafür sind der Leidensdruck und die Introspektionsfähigkeit der PatientIn, welche ab einem gewissen Intelligenzgrad der PatientIn die Möglichkeit zur Übertragungsneurose geben und der TherapeutIn die Möglichkeit zur Behandlung.

? *Frage: Wo begegnen Sie dem Phänomen der Gegenübertragung?*

✔ **Antwort**: In der psychoanalytischen Behandlung faßt man alle Erwartungen, Gefühle und Reaktionen der ÄrztIn auf die PatientIn unter den Begriff der **Gegenübertragung**. Idealerweise sollte die TherapeutIn neutral auf die Übertragungen der PatientIn reagieren, was aber in den meisten Fällen schwer einzuhalten und zu kontrollieren ist.

Eine Gegenübertragung sollte daher der TherapeutIn möglichst rasch bewußt werden, um Behandlungsfehler zu vermeiden. Dies geschieht z. B. mit Hilfe eines Supervisors, der in der Regel eine erfahrene TherapeutIn ist. Dort wird das eigene Verhalten und mögliche Behandlungsfehler besprochen und daraus Lösungsansätze entwickelt.

? *Frage: Warum muß in der psychoanalytischen Behandlung erst der Widerstand der PatientIn aufgelöst werden, um zum therapeutischen Erfolg zu gelangen?*

✔ **Antwort**: Der Widerstand der PatientIn in der Behandlung bezeichnet die Kräfte, die sich dem Bewußtwerden von unangenehmen Gefühlen oder verdrängten Trieben entgegenstellen. Im analytischen Verfahren muß versucht werden, der PatientIn die Widerstände zum geeigneten Zeitpunkt bewußt zu machen und ihr so einen Zugang zum Verdrängten zu ermöglichen. Nur durch das freie Äußern der verdrängten Inhalte durch die PatientIn wird der TherapeutIn die Möglichkeit gegeben, Hinweise und Lösungsansätze für die grundlegenden Konflikte zur Verfügung zu stellen.

? *Frage: Wann ist eine Verhaltenstherapie indiziert?*

✔ **Antwort**: Grundsätzlich können verhaltenstherapeutische Techniken bei allen psychischen Erkrankungen, die mit erfaßbaren Symptomen einhergehen, angewandt werden. Besonders gut geeignet sind alle Formen der Phobie, die z. B. mit Hilfe der systematischen Desensibilisierung behandelt werden. Aber auch andere Neurosen mit eigenständigen und verfestigten Symptomen, die augenscheinlich nicht mehr direkt psychogenetisch erklärbar sind, werden zunehmend mit verhaltenstherapeutischen Verfahren behandelt.

Zwei weitere Einsatzgebiete können süchtiges Verhalten oder Verhaltensstörungen bei chronisch schizophrenen PatientInnen sein. In beiden Fällen kann der Einsatz des operanten Konditionierens zu einer Vermeidung dieser unerwünschten Verhaltensweisen führen.

? **Frage:** *Nach welchen Prinzipien funktioniert die Verhaltenstherapie?*

✔ **Antwort:** In der **Verhaltenstherapie** wird das psychische Problem der PatientIn als erlerntes Fehlverhalten aufgefaßt. Daher wird keine Form der Psychotherapie angewandt, die den Konflikt der PatientIn als intrapsychisches Problem ansieht.

Die Verhaltenstherapie will aus diesem Grund mit Hilfe verschiedener Verfahren, z. B. der systematischen Desensibilisierung oder dem Bio-Feedback, den Kontakt der PatientIn zu ihrer Umwelt beeinflussen. Diese Auffassung der Ursache von psychischen Störungen wird durch empirisch-experimentelle Forschung, insbesondere aus dem Bereich der Lernpsychologie, gestützt. Genauso wie durch operantes Konditionieren mit negativen und positiven Verstärkern z. B. ein phobisches Verhalten erlernt wird, so kann mit Hilfe dieser Techniken das unerwünschte Verhalten wieder verlernt und die PatientIn damit gezielt behandelt werden.

? **Frage:** *Welche Bedeutung hat der Begriff „operantes Konditionieren" in der Verhaltenstherapie?*

✔ **Antwort:** Das *operante oder instrumentelle Konditionieren* bedient sich eines negativen oder positiven Verstärkers, um das gewünschte Verhaltensziel zu erreichen. Z. B. ist eine Belohnung für eine gute Note ein positiver Verstärker, der den Mensch dazu bringt, weiterhin gute oder sogar bessere Noten zu erzielen. Es könnte stattdessen auch eine Bestrafung wegfallen, das wäre ein sogenannter negativer Verstärker. Beide belohnen ein bestimmtes Verhalten, sie verstärken diese erwünschte Verhaltensweise.

Im Gegensatz dazu kann mit positiver oder negativer Bestrafung eine unerwünschte Verhaltensweise vermieden werden. Man spricht auch vom „Lernen am Erfolg". Mit Hilfe dieser effektiven Methode können ein große Zahl unerwünschter Verhaltensweisen beseitigt werden. Sie ist Grundlage für eine Vielzahl verhaltenstherapeutischer Verfahren, z. B. des Selbstsicherheitstraining oder des Prinzips der „token economy", wo mit Hilfe von Münzen oder „tokens" erwünschtes Verhalten belohnt wird.

? **Frage:** *Welche drei Grundsätze wurden von C.R. Rogers für seine klientzentrierte Gesprächstherapie gefordert?*

✔ **Antwort:** Die drei Grundforderungen oder „Kernvariablen" der klientzentrierten Gesprächstherapie sind erstens Echtheit und Selbstkongruenz der TherapeutIn. Das heißt, die TherapeutIn soll in ihrer menschlichen Persönlichkeit für die PatientIn bemerkbar sein. Alle Äußerungen der TherapeutIn sollen ihrer inneren Vorstellung entsprechen.

Die zweite wichtige Kernvariable ist die positive Wertschätzung und emotionale Wärme, die die TherapeutIn der PatientIn entgegenbringt. Sie soll die PatientIn mit all ihren Problemen verstehen und an ihrer Situation Anteil nehmen.

Letztendlich soll die TherapeutIn, durch ihr einfühlendes Verstehen des inneren Bezugrahmes der PatientIn helfen, ihr Problem angstfrei zu verbalisieren und in ihr die positiven Grundströmungen eines jeden Menschen wirken zu lassen.

? ***Frage:*** *Ist autogenes Training eine psychotherapeutische Behandlungsmethode?*

✔ **Antwort**: Das **autogene Training** ist eine Methode der Selbstentspannung, bei der die PatientIn lernt, sich bewußt in einen entspannten Zustand zu versetzen. Insbesondere Schlafstörungen, Angst- und Unruhezustände und psychovegetative Syndrome können so beeinflußt und gebessert werden.

Der direkte psychotherapeutische Ansatz der nicht-medikamentösen Behandlung von psychischen Problemen steht deutlich im Vordergrund. Der Übergang zu einem indirekten Verfahren ist aber fließend. Bei diesen indirekten psychotherapeutischen Verfahren steht die Förderung des Gesunden im Vordergrund und nicht die Beseitigung des Krankhaften.

Ein besonderer Vorteil des autogenen Trainings besteht allerdings darin, daß es ab einer gewissen Beherrschungsstufe auch ohne Hilfe der TherapeutIn angewandt werden kann. Das unterscheidet dieses Verfahren von anderen psychotherapeutischen Behandlungsmethoden.

? ***Frage:*** *Wann ist eine systematische Desensibilisierung besonders indiziert und erfolgreich?*

✔ **Antwort:** Die **systematische Desensibilisierung** wird besonders häufig bei phobischen Störungen eingesetzt. Bei dieser Technik wird die angstbesetzte Situation genau analysiert und in kleinere, gut umschriebene Abschnitte geteilt. Aus diesen wird eine Angsthierarchie gebildet, d. h. die Abschnitte werden nach ihrem Angstpotential geordnet. In einer von der PatientIn angenehm empfundenen Situation wird der Reiz mit dem geringsten Angstpotential so lange präsentiert, bis diese Situation für die PatientIn angstfrei erscheint. In der nachfolgenden Stufe wird der nächstgrößere Angstreiz gesetzt. Das wird solange fortgeführt, bis daß die ursprünglich angstauslösende Situation angstfrei erlebt werden kann.

Der Erfolg dieser Methode liegt in der umschriebenen exakten Definition der jeweiligen angstbesetzten Situation, die dann in einer für die PatientIn angstfreien Umgebung dargeboten wird. Hier steht die theoretische Auffassung dahinter, daß Angst und Entspannung unvereinbare Gefühlslagen seien.

? *Frage: Können Sie wesentliche verhaltenstherapeutische Verfahren nennen?*

✔ **Antwort:** Wichtige verhaltenstherapeutische Verfahren sind die systematische Desensibilisierung, das Selbstsicherheitstraining, das Bio-Feedback, die Reizüberflutung und das operante Konditionieren.

Allen gemeinsam ist der Versuch, mit Hilfe lerntheoretischer Konzepte das Verhalten der PatientInnen zu ändern.

? *Frage: Wo liegen Ihrer Meinung nach die Vor- und Nachteile der Gruppenpsychotherapie?*

✔ **Antwort:** Ein Vorteil der *Gruppenpsychotherapie* ist der soziale Druck in der Gruppensituation, der viele Probleme leichter offenlegt als es in der intimeren Einzel-Psychotherapie der Fall sein kann. Diese Gruppensituation ist aber auch gleichzeitig eine soziale Übungssituation, in der das gewünschte Verhalten erprobt und gefestigt werden kann.

Sie verringert außerdem den individuellen Schulddruck, da man „seine" Probleme auch bei anderen Menschen erkennt und so zu einer reflektierteren Haltung gegenüber den eigenen Problem gelangt.

Der ökonomische Vorteil sollte darüberhinaus nicht vernachlässigt werden. Es ist eine kostengünstige und effiziente Methode, die mehreren Menschen bei ähnlichen Problemen sehr gut helfen kann.

Diese Vorteile geraten in manchen Fällen natürlich zum Nachteil: Ein differenziertes Eingehen auf die persönliche Situation jedes einzelnen ist aus Zeitgründen oft nicht möglich. Nicht jedem Mensch gelingt es, seine Probleme in einer Gruppe zu verbalisieren und aus dem Beispiel der anderen zu lernen.

Diese Vor- und Nachteile müssen in der jeweiligen Einzelsituation zu Gunsten der PatientInnen abgewogen werden.

? *Frage: Können Sie ein Beispiel für eine paradoxe Intention geben?*

✔ **Antwort:** Die **paradoxe Intention** ist eine verhaltenstherapeutische Methode, die darauf abzielt, die Angst der PatientIn vor einer bestimmten Handlung zu verringern. Z. B. kann bei Impotenz mit psychischer Ursache die Aufforderung zur sexuellen Karenz den Patienten dazu „verführen", trotz des „Verbotes" sexuell tätig zu werden. In diesem Falle wäre die paradoxe Intention erfolgreich gewesen.

Diese Methode hat aber Schwächen, da sie häufig versagt und die eigentliche Problematik dann nur verstärkt.

In der Sexualtherapie sollte eine Aufforderung zur Unterlassung des Geschlechtsverkehrs strikt eingehalten werden. Nur dadurch kann ein aufgebauter „Leistungsdruck" systematisch abgebaut werden und durch positive und angstfreie Gefühle ersetzt werden.

? *Frage: Welche Parameter können mit Hilfe von Bio-Feedback beeinflußt werden?*

✔ **Antwort:** Mit der Methode des **Bio-Feedback** soll die PatientIn lernen, bestimmte physiologische Mechanismen selbst zu kontrollieren. Dazu gehören die Herzfrequenz, der Blutdruck, die Muskelspannung, die elektrische Hirnaktivität, die Atmung oder die Hauttemperatur. Sie werden mit Hilfe des EKG, EMG, EEG oder eines Plethysmographen der PatientIn optisch oder akustisch rückgemeldet. Auf diese Weise kann sie versuchen, psychische Probleme, die sich auf der körperlichen Ebene ausdrücken, direkt und bewußt zu beeinflussen.

Beispiele und Anwendungsmöglichkeiten für diese Methode sind muskuläre Verspannungen, Spannungskopfschmerzen, Herzrhythmusstörungen, Hypertonie, M. Raynaud und ähnliche Symptomgebiete.

? *Frage: Zu welcher Gruppe von psychotherapeutischen Methoden gehört das Münzpfand-System, auch als „token economy“ bezeichnet.*

✔ **Antwort:** Das System der "*token economy*" ist eine Form der Verhaltenstherapie, die mit Hilfe des operanten Konditionierens das PatientInnenverhalten verändern möchte. Dazu werden Münzen oder „tokens“ als Verstärker eingesetzt, die die PatientInnen bei erwünschten Verhaltensweisen erwerben können. Das kann die regelmäßige Medikamenteneinnahme sein oder eine selbstständig ausgeführte Handlung. Für diese Münzen kann dann später der eigentliche Verstärker, z. B. der Platz an einem bestimmten Tisch, erworben werden. Dieses Verfahren ist vor allem für die Behandlung chronisch psychotischer Menschen oder Minderbegabter entwickelt worden.

? *Frage: Wie läuft ein Psychodrama ab?*

✔ **Antwort:** Das **Psychodrama** zielt darauf ab, seelische Konflikte in einer gespielten Situation wiederzuerleben und gleichsam abzureagieren. Dieser zentrale Begriff ist die sogenannte Katharsis.

Dazu müssen in der ersten Phase die konfliktbeladenen Situationen erkannt und präzisiert werden. Es werden auch einzelne Techniken besprochen, die später zur Darstellung dienen sollen. Es folgt die zweite Phase der Darstellung der Konfliktsituationen, in der die GruppenleiterIn und die PatientInnen verschiedene Rollen übernehmen. In der dritten und letzten Phase werden die dabei erlebten Gefühle und Eindrücke besprochen.

? *Frage: Können mit der Hypnose langanhaltende Erfolge erzielt werden?*

✔ **Antwort:** Die **Hypnose** ist ein suggestives Verfahren, das der PatientIn keine Möglichkeit zur Einsicht in ihre psychische Problematik läßt. Allein direktive Verhaltensanweisungen in der Hypnose sollen zu einer oberflächlichen Änderung des Verhaltens führen.

In einigen Fällen kann das durchaus zu gewünschten Verhaltensänderungen führen, z. B. bei psychischen Eßstörungen oder Suchtproblematiken. In vielen Fällen ist der Erfolg aber nur vorübergehend, da keine weitergehende Verankerung in der Persönlichkeit der PatientInnen erfolgt.

? *Frage: Warum sollte jede PsychotherapeutIn Mitglied einer Balint-Gruppe sein?*

✔ **Antwort:** Die **Balint-Gruppe** ist ein Zusammenschluß mehrerer psychotherapeutisch tätiger ÄrztInnen, die sich über einen längeren Zeitraum in regelmäßigen Abständen treffen. Dort werden aktuelle therapeutische Probleme besprochen, aber auch eigene persönliche Schwierigkeiten in einer bestimmten Behandlungssituation. Aus dem Verhalten und den Äußerungen der anderen TherapeutInnen und auch der eigenen Person ergeben sich Möglichkeiten zur Selbstkritik und einer daraus folgenden persönlichen Weiterentwicklung.

Letztendlich soll dadurch die Behandlung der PatientInnen von störenden Einflüssen seitens der TherapeutIn befreit werden.

? *Frage: Ist bei psychisch verursachten sexuellen Funktionsstörungen eine Paartherapie der Einzeltherapie beider PartnerInnen vorzuziehen?*

✔ **Antwort:** Diese Frage kann man nicht allgemein beantworten, da hier der Grad der Offenheit zwischen den PartnerInnen eine wichtige Rolle spielt. Wenn beide PartnerInnen bereit sind, sich behandeln zu lassen, so kann ein gemeinsames Gespräch mit einer TherapeutIn die Problematik vielleicht besser deutlich werden lassen. Danach kann jede PartnerIn für sich entscheiden, ob sie lieber gemeinsam oder allein behandelt werden möchte.

✔ In manchen Fällen kann es notwendig sein, jede PartnerIn von einer TherapeutIn behandeln zu lassen, da es zur Parteiergreifung der TherapeutIn zu Gunsten einer PatientIn kommen kann. Eventuell ist auch eine Absprache zwischen den TherapeutInnen für den Therapieerfolg sehr von Nutzen.

12. Somatotherapie

12.1 Neuroleptika

? *Frage: Unter dem Begriff „Neuroleptika" faßt man verschiedene chemische Stoffgruppen.
— Welche sind die klinisch Wichtigsten?*

✔ **Antwort: Neuroleptika** lassen sich nach ihrer chemischen Struktur in verschiedene Stoffgruppen unterteilen.

Die in der Klinik gebräuchlichsten Neuroleptika sind die *Butyrophenone* und die *Phenothiazine*. Phenothiazine faßt man zusammen mit den Thioxanthenderivaten unter die trizyklischen Neuroleptika.

Die Muttersubstanz der Butyrophenone ist Haloperidol (Haldol®), Muttersubstanz der Phenothiazine ist Megaphen (Chlorpromazin®).

? *Frage: Können Sie uns sagen, welchen Einfluß Neuroleptika auf den Hirnstoffwechsel haben?*

✔ **Antwort:** Neuroleptika haben Einfluß auf den zentralen Katecholamin-Stoffwechsel, vor allem auf das dopaminerge System.

Neuroleptika sind **Dopamin-Antagonisten**, das heißt sie blockieren dopaminerge Rezeptoren und verringern damit die Wirksamkeit des Dopamins als Überträgersubstanz.

Man kennt zwei Dopamin-Rezeptortypen: die präsynaptischen D1- und die postsynaptischen D2-Rezeptoren

Die antipsychotische Wirkung ist eng mit der Fähigkeit, D2-Rezeptoren zu antagonisieren, korreliert. Diese Affinität zum D2-Rezeptor ist bei den verschiedenen Neuroleptika unterschiedlich ausgeprägt:

Haloperidol (Haldol®) und vor allem Benperidol (Glianimon®) haben eine hohe Affinität zum D2-Rezeptor, während sie z.B. bei Thioridazin (Melleril®) und Levomepromazin (Neurocil®) geringer ist.

? *Frage: Welche Wirkungsqualitäten haben Neuroleptika?*

✔ **Antwort:** Der wesentliche Wirkungsmechanismus der Neuroleptika beruht auf einer biochemischen Beeinflussung dopaminerger Systeme.

Hieraus erklärt sich der klinisch erwünschte *antipsychotische Effekt* dieser Medikamentengruppe.

Aber auch einige der unerwünschten Wirkungen lassen sich darauf zurückführen:

- Die *extrapyramidal-motorischen Störungen* lassen sich dadurch erklären, daß dopaminerge Neuronensysteme auch eine Kontrolle über die motorischen Leistungen ausüben.
- Über dopaminerge Leitungsbahnen wird die Ausschüttung hypophysärer Hormone beeinflußt. So können unter neuroleptischer Therapie *neuroendokrinologische Nebenwirkungen* (z.B. Galaktorrhoe) auftreten.

Neuroleptika blockieren darüberhinaus in unterschiedlicher Stärke andere Transmittersysteme:

Die vegetativen Nebenwirkungen sind auf einen anticholinergen und antiadrenergen Effekt, die sedierende Komponente auf einen antihistaminergen Effekt zurückführbar.

? ***Frage:*** *Neuroleptika besitzen über ihre antipsychotische Wirkung hinaus noch andere Wirkungen, die man sich in nichtpsychiatrischen Bereichen zu Nutzen gemacht hat.*
— Können Sie uns einige nennen?

✔ **Antwort:** Außerhalb der Psychiatrie finden Neuroleptika Einsatz als Antiemetika (z.B. Triflupromazin (Psyquil®)).

Neuroleptika verstärken die Wirkung des Morphins oder morphinähnlicher Substanzen. Diese Wechselwirkung hat man sich für die Neuroleptanalgesie zunutze gemacht.

? ***Frage:*** *Welche hauptsächlichen Indikationsgebiete für Neuroleptika kennen Sie?*

✔ **Antwort:** Neuroleptika werden eingesetzt:

- bei akuten schizophrenen und manischen Psychosen
- bei psychomotorischen Erregungszuständen
- bei chronisch verlaufenden schizophrenen Psychosen und psychotischen Residualzuständen
- als Rezidivprophylaxe bei chronisch-rezidiverenden Psychosen (meist Schizophrenien)

Bei psychomotorischer Erregtheit eignet sich ein Neuroleptikum mit sedierenden Eigenschaften (z.B. Levomepromazin (Neurocil®)), während bei ausgeprägten psychotischen Zuständen ein Neuroleptikum mit hoher antipsychotischer Wirkung (z.B. Haloperidol (Haldol®)) indiziert ist.

? ***Frage:*** *Welche Störungen im Rahmen schizophrener Psychosen lassen sich durch Neuroleptika gut beeinflussen, welche weniger gut?*

✔ **Antwort:** Neuroleptika zeigen eine gute Wirksamkeit bei psychomotorischer und affektiver Erregung und florider paranoid-halluzinatorischer Symptomatik (*Plus-Symptomatik*). Auch Denkstörungen wie Denkzerfahrenheit und Ideenflucht sind durch neuroleptische Therapie gut beeinflußbar.

Weniger gut wirksam sind Neuroleptika bei der hebephrenen Form der Schizophrenie, den chronischen Verlaufsformen und schizophrenen Residualzuständen (*Minus-Symptomatik*).

? ***Frage:*** *In Ihre Praxis kommt eine Patientin, die über Schlafstörungen und Nervosität klagt.*

— Eignen sich Neuroleptika wegen ihrer sedierenden Eigenschaften zur Behandlung der geschilderten Beschwerden?

✔ **Antwort:** Neuroleptika sind wegen ihrer Nebenwirkungen erst dann zur Therapie psychovegetativer Störungen geeignet, wenn andere Behandlungsmöglichkeiten versagen.

Sedierende Neuroleptika mit schlafanstoßender Wirkung (z.B. Levomepromazin (Neurocil®)) können als Zusatzmedikation bei Schlafstörungen im Rahmen einer psychotischen Erkrankung indiziert sein.

? *Frage: Neuroleptika beeinflussen über ihre Wirkung auf das dopaminerge System auch die Motorik der PatientInnen.*
— Über welche unerwünschten Wirkungen müssen Sie ihre PatientInnen informieren?

✔ **Antwort:** Vor allem zu Beginn einer neuroleptischen Behandlung treten bei 30% der PatientInnen sogenannte **Frühdyskinesien** auf.

Es handelt sich um ein akutes hyperkinetisches oder dyskinetisches Syndrom, bei dem Blickkrämpfe, Zungen-Schlundkrämpfe, Tortikollis, Kieferklemme und athetoide und choreatische Bewegungsabläufe des Halses und der oberen Extremität vorkommen können.

Das **Parkinsonoid**, ein medikamentös induziertes Parkinson-Syndrom, tritt meist erst in der 1.-2. Woche der Behandlung auf.

Es äußert sich zunächst in einer Einschränkung der Feinmotorik, später kann es zu einer allgemeinen Bewegungsverminderung bis hin zur Akinese kommen. Darüberhinaus können weitere parkinsonartige Symptome wie Tremor, Rigor, Salbengesicht und Hypersalivation auftreten. Ein Parkinsonoid ist grundsätzlich immer reversibel.

Mit dem Begriff **Akathisie** bezeichnet man eine quälende motorische Unruhe, die sich vor allem als Unvermögen, längere Zeit sitzen zu bleiben, bemerkbar macht ("Sitzunruhe").

Nach einer längerfristigen neuroleptischen Behandlung treten bei 10-20% der PatientInnen **Spätdyskinesien** auf.

Es handelt sich um ein zum Teil irreversibles, hyperkinetisches Dauersyndrom mit unwillkürlichen oft stereotypen Bewegungen, die vor allem den Mund- und Gesichtsbereich betreffen.

? *Frage: Wie können Sie die oben geschilderten Nebenwirkungen unter neuroleptischer Medikation verringern oder verhindern?*

✔ **Antwort:** Oberstes Prinzip ist der Einsatz der individuell niedrigsten noch wirksamen Dosis eines geeigneten Neuroleptikums.

Es sollte immer bedacht werden, daß ein großzügiger und langdauernder Einsatz von Neuroleptika das Auftreten von Spätdyskinesien begünstigt.

Frühdyskinesien und das Parkinson-Syndrom lassen sich durch *anticholinerg wirksame Antiparkinsonmittel* (z.B. Biperiden (Akineton®)) gut beeinflussen. Auf eine langdauernde Zusatzmedikation sollte jedoch auf jeden Fall verzichtet werden, denn es wird diskutiert, ob der Einsatz von Antiparkinsonmitteln einen verstärkenden Effekt auf die Ausbildung von Spätdyskinesien hat. Deshalb sollte bei Fortbestehen der Symptomatik eine Dosisreduktion erfolgen oder das Neuroleptikum durch ein anderes mit geringeren extrapyramidal-motorischen Nebenwirkungen ersetzt werden.

Auf die Akathisie und die Spätdyskinesien haben Antiparkinsonmittel nur geringe bis keine Wirkung. Hier besteht die Therapie der Beschwerden in einer Dosisreduktion oder der Umsetzung auf ein Neuroleptikum einer anderen strukturchemischen Reihe.

? *Frage: Bei einem schizophrenen Patienten auf Ihrer Station tritt unter Behandlung mit Neuroleptika eine depressive Symptomatik auf.*
— Wie ist diese zu erklären?
— Welche Behandlungsschritte unternehmen Sie ?

✔ **Antwort:** Zum einen kann eine depressive Symptomatik im Rahmen der schizophrenen Grunderkrankung auftreten. Bei ausgeprägtem klinischen Bild ist eine thymoleptische Behandlung oder der Einsatz von Neuroleptika mit thymoleptischem Wirkungsprofil (z.B. Thioridazin (Melleril®)) angezeigt.

Es sollte aber auch immer daran gedacht werden, daß eine depressive Symptomatik als unerwünschte Wirkung unter neuroleptischer Therapie auftreten kann. Als erster Behandlungsschritt sollte eine Dosisreduktion erfolgen. Wenn auch darunter die depressive Symptomatik bestehen bleibt, sollte man auf ein anderes Präparat – eventuell mit antidepressiver Komponente – umsteigen.

? *Frage: Ein Patient, der wegen einer schizophrenen Psychose neuroleptisch behandelt wird, klagt über eine Vergrößerung seiner Brust.*
— Wie erklären Sie sich diese?

Antwort: Neuroleptika besitzen auch Einfluß auf das *endokrine System.* Es kommt – in Abhängigkeit von der Dosis – zu einer Hyperprolaktinämie und einer verminderten Abgabe von Gonadotropinen.

Hieraus resultieren die unerwünschten Wirkungen wie Galaktorrhoe und Zyklusstörungen bei der Frau, Gynäkomastie und Libido- und Potenzverminderung beim Mann.

Die PatientInnen sollten vor Behandlungsbeginn über die Ursachen dieser möglicherweise auftretenden Nebenwirkungen informiert werden.

? *Frage: Vor dem Behandlungsbeginn mit Neuroleptika müssen die PatientInnen sorgfältig körperlich untersucht werden.*
— Auf welche Vorschädigungen müssen Sie in Hinblick auf eine neuroleptische Therapie besonders achten?

✔ **Antwort:** Unter der Behandlung mit Neuroleptika kann es zu ernsten Nebenwirkungen kommen. Besonders gefährdet sind PatientInnen mit körperlichen Vorerkrankungen, aber auch bei organisch gesunden Menschen können diese Nebenwirkungen auftreten.

Erkrankungen, auf die man vor einer neuroleptischen Behandlung besonders achten muß, sind:

- **hirnorganische Vorerkrankungen**, da Neuroleptika die Krampfschwelle senken und dadurch bei zerebraler Vorschädi-

gung epileptische Krampfanfälle auslösen können. Ein bestehendes Krampfleiden stellt allerdings keine Kontraindikation für eine Behandlung dar. Hier ist auf eine besonders vorsichtige Dosierung zu achten.
Ein EEG sollte zu Behandlungsbeginn, in akuten Fällen innerhalb der nächsten 1-2 Tagen, durchgeführt werden. Bei PatientInnen mit hirnorganischen Störungen ist dieses in dreimonatlichem Abstand zu wiederholen.

- **Erkrankungen des kardiovaskulären Systems**, besonders Erkrankungen mit verlängerter Überleitungszeit (Rechts-Linksschenkelblock, AV-Block), da vor allem trizyklische Neuroleptika die Reizleitung im Herzen verlängern können und so zu einer Verschlechterung des Krankheitsbildes führen. Bei PatientInnen über 50 Jahren, bei kardiovaskulären Vorerkrankungen und der Verordnung von trizyklischen Neuroleptika sind EKG-Kontrollen in anfänglich 10-tägigen, später in dreimonatlichen Abständen erforderlich.
- **Erkrankungen des hämatopoetischen Systems**, da vor allem unter trizyklischen Neuroleptika Veränderungen des Blutbildes (passagere Leukopenien, Leukozytosen, Eosinophilien und Lymphozytosen) vorkommen können.
Sehr selten ist die gefährliche Agranulozytose, die vor allem unter Clozapin (Leponex®) beobachtet wurde. Regelmäßige Blutbild-Kontrollen sind daher anfänglich wöchentlich, später monatlich notwendig.
- **Erkrankungen der Leber- und Gallengänge**, da es in seltenen Fällen zu einer intrahepatischen Cholestase mit Verschlußikterus kommen kann.
Die Serumwerte von GOT, GPT und γ-GT sind daher anfänglich in monatlichen Abständen zu überprüfen.

12.2 Antidepressiva

? *Frage: In welche chemischen Gruppen unterteilt man die Antidepressiva (Thymoleptika)?*

✔ **Antwort:** Nach ihrer chemischen Struktur unterteilt man die Antidepressiva in:

- **trizyklische Antidepressiva** (z.B. Imipramin (Tofranil®))
- **tetrazyklische Antidepressiva** (z.B. Maprotilin (Ludiomil®))
- **MAO-Hemmer**
- Die Aminpräkursoren (L-Tryptophan (Kalma®)) sind z.Z. wegen aufgetretenem Eosinophilie-Myalgie-Syndrom nicht mehr im Handel.

? *Frage: Welche Indikationsgebiete für Antidepressiva kennen Sie?*

✔ **Antwort:** Thymoleptika werden hauptsächlich bei endogenen Depressionen eingesetzt.

Sie sind aber auch zum Teil bei schweren reaktiven und neurotischen Depressionen indiziert, auch wenn der therapeutische Erfolg nicht als so gesichert gilt wie bei den endogenen Depressionen. Eine Pharmakotherapie kann bei reaktiven und neurotischen Depressionen nie eine gute Psychotherapie ersetzen, sie kann als Zusatzbehandlung diese aber erleichtern.

Antidepressiva können als Zusatzmedikation bei depressiver Symptomatik im Rahmen einer schizophrenen Psychose indiziert sein.

? **Frage:** *Nach welchen Zielsymptomen orientiert sich die Behandlung mit Antidepressiva?*

✔ **Antwort:** Antidepressiva besitzen neben ihrer depressionslösenden Eigenschaft auch in unterschiedlicher Weise Einfluß auf die Psychomotorik.

Dementsprechend teilt man die Antidepressiva ein in solche mit psychomotorisch dämpfender, leicht aktivierender und stark aktivierender Wirkung.

Welches Medikament Anwendung findet, richtet sich nach der akutellen klinischen Symptomatik und nicht nach der nosologischen Klassifikation.

- Bei der Behandlung gehemmt-depressiver Syndrome wird man ein *psychomotorisch leicht bis stark aktivierendes* Antidepressivum wählen.
  Ein Beispiel für ein psychomotorisch leicht aktivierendes Thymoleptikum ist Imipramin (Tofranil®), für ein stark aktivierendes Desipramin (Pertofran®).
- Bei agitiert-depressiven Syndromen sind Antidepressiva mit *psychomotorisch dämpfender Wirkung* (z.B. Amitritylin (Saroten®)) indiziert.

? **Frage:** *Welche Nebenwirkungen treten unter antidepressiver Therapie häufig auf?*

✔ **Antwort:** *Vegetative Nebenwirkungen* sind die unter antidepressiver Behandlung am häufigsten auftretenden unerwünschten Wirkungen. Sie beruhen auf den adrenergen und anticholinergen Eigenschaften der Thymoleptika.

Zu nennen sind besonders Obstipation, lokale Hyperhidrosis und Trockenheit der Schleimhäute.

? **Frage:** *Können sich depressive PatientInnen, bei denen Sie eine hohes Suizidrisiko vermuten, mit Antidepressiva umbringen?*

✔ **Antwort:** Ja. Nach Einnahme großer Dosen von Antidepressiva kommt es zu einem starken Blutdruckabfall, tonisch-klonischen Muskelkrämpfen bis hin zum Status epileptikus und Herzrhythmusstörungen.

Als Antidot ist in der Behandlung der Intoxikation mit Thymoleptika Physostigmin indiziert.

12.3 Tranquilizer

? *Frage: Wodurch unterscheiden sich die Tranquilizer von den Sedativa und Hypnotika?*

✔ **Antwort:** Tranquilizer unterscheiden sich von Sedativa und Hypnotika dadurch, daß sie weniger bewußtseinsverringernd wirken, dafür eine größere psychisch entspannende und angstlösende Komponente besitzen.

? *Frage: Welche chemische Gruppe der Tranquilizer wird heute am häufigsten eingesetzt und welche Wirkungsqualitäten besitzen sie?*

✔ **Antwort: Benzodiazepin-Derivate** sind die heute mit Abstand am häufigsten eingesetzten Tranquilizer. Sie besitzen:

- angstlösende (anxiolytische),
- sedative,
- hypnotische,
- muskelrelaxierende und
- antikonvulsive Wirkungen.

12.4 Lithiumsalze

? *Frage: Wann sind Lithiumsalze indiziert?*

✔ **Antwort:** Lithiumsalze sind als Langzeitprophylaktikum bei biopolaren Psychosen und als Akuttherapeutikum bei monopolar-manischen Erkrankungen indiziert.

? *Frage: Welche Nebenwirkungen treten unter Lithium-Therapie auf?*

✔ **Antwort:** Häufig unter Lithium-Behandlung auftretende unerwünschte Wirkungen sind:

- feinschlägiger Fingertremor,
- gastrointestinale Beschwerden,
- Sexualstörungen (vor allem Potenzminderung),
- Muskelschwäche und
- euthyreote Struma.

? *Frage: Sind bei Neurosen Psychopharmaka indiziert?*

✔ **Antwort:** Ja, Psychopharmaka sind bei schweren neurotischen Störungen dann indiziert, wenn durch Psychopharmaka eine Psychotherapie erst ermöglicht oder eine Psychotherapie erst durchführbar wird.

Eine alleinige Psychopharmaka-Behandlung ist bei neurotischen Störungen nicht angezeigt, da zum einen die ursächliche Problematik durch Medikamente nicht gelöst werden kann, zum anderen besteht eventuell die Gefahr einer Abhängigkeitsentwicklung.

12.5 Andere somatische Behandlungsverfahren

? *Frage: Welches Verfahren liegt der Elektrokrampfbehandlung zugrunde?*

✔ **Antwort:** Der Elektrokrampfbehandlung liegt die Auslösung eines Grand-mal-Anfalls durch elektrische Stimulation zugrunde.

? *Frage: Bei welchen Erkrankungen kann eine Elektrokrampfbehandlung eingesetzt werden?*

✔ **Antwort:** Einsatzgebiete der Elektrokrampfbehandlung sind heute:

- katatone Schizophrenien und
- schwere therapieresistente Depressionen.

In der Bundesrepublik Deutschland wird dieses Behandlungsverfahren, im Gegensatz zu angloamerikanischen Ländern, relativ selten angewandt.

13. Forensische Psychiatrie

? *Frage: Unter welchen Bedingungen kann eine Pflegschaft angeordnet werden und was wird durch sie geregelt?*

✔ **Antwort:** In § 1910 BGB ist die Errichtung einer **Pflegschaft** geregelt.

Volljährige, die wegen eines körperlichen oder geistigen Gebrechens nicht in der Lage sind, einzelne ihrer Angelegenheiten zu besorgen, können vom Vormundschaftsgericht für diese Angelegenheiten eine PflegerIn erhalten. Voraussetzung für die Einrichtung einer Pflegschaft ist die Einwilligung der PatientIn, es sei denn, eine Verständigung ist mit ihr nicht möglich.

Die Pfegschaft bezieht sich am häufigsten auf Vermögensangelegenheiten. In ihr kann aber auch die Bestimmung über den Aufenthaltort der Gebrechlichen, eine ärztliche Behandlung oder die Teilnahme an einer gerichtlichen Verhandlung geregelt sein.

Eine Pflegschaft kann dann wieder aufgehoben werden, wenn die unter Pflegschaft Stehende die Aufhebung beim Vormundschaftsgericht beantragt.

? *Frage: Wann kann die Entmündigung einer PatientIn beantragt werden?*

✔ **Antwort: Entmündigt** werden kann eine Person durch den Beschluß des Amtsgerichts, wenn sie:

- wegen einer Geistesschwäche oder einer Geisteskrankheit ihre Angelegenheiten nicht mehr besorgen kann oder
- wegen Verschwendung, Trunksucht oder Rauschmittelsucht ihre Angelegenheiten nicht mehr besorgen kann oder sich oder ihre Familie der Gefahr des Notstands aussetzt.

Die Entmündigung wegen Geisteskrankheit ist immer mit einer *Geschäftsunfähigheit* verbunden.

Bei Entmündigungen aufgrund von Geistesschwäche, Trunksucht, Rauschmittelsucht oder Verschwendung liegt *beschränkte Geschäftsfähigkeit* vor.

? *Frage: Wer kann einen Antrag auf Entmündigung stellen?*

✔ **Antwort:** Der Antrag auf Entmündigung (§ 6 BGB) kann bei einer volljährigen Person durch die EhegattIn, eine Verwandte oder die gesetzliche VertreterIn erfolgen. Auch die StaatsanwältIn kann beim übergeordneten Landgericht den Antrag auf Entmündigung stellen.

Die Aufhebung einer Entmündigung kann beim Amtsgericht durch die Entmündigte selbst, die gesetzliche VertreterIn oder die StaatsanwältIn beantragt werden.

? ***Frage:*** *Wann kann eine Person gegen ihren Willen in einem psychiatrischen Krankhaus oder einer Entziehungsanstalt für Suchtkranke untergebracht werden?*

✔ **Antwort:** Das Unterbringungsgesetz unterliegt der Rechtssprechung der Bundesländer. Es stimmt jedoch in den wesentlichen Punkten überein.

So kann eine Person nur dann gegen ihren Willen untergebracht werden, wenn:

- eine schwerwiegende psychische Störung aufgrund einer Psychose, einer Suchtkrankheit oder wegen Schwachsinns besteht und wenn
- eine Selbst- oder Fremdgefährdung aufgrund der oben genannten Gründe vorliegt, die nicht anders abgewehrt werden kann.

? ***Frage:*** *Wann wird eine Unterbringung rechtswirksam?*

✔ **Antwort:** Eine Unterbringung wird erst dann rechtswirksam, wenn sie auf Antrag der Verwaltungsbehörde hin vom Amtsgericht angeordnet wird. Dem Antrag auf Unterbringung ist ein ärztliches Gutachten über den Zustand der PatientIn beizufügen.

Liegen dringende Gründe vor, daß die Voraussetzungen für eine Unterbringung bestehen, so kann das Gericht eine einstweilige Unterbringung anordnen. Sie erfolgt dann:

- wenn dies zur Erstellung eines Gutachtens erforderlich ist oder
- wenn eine sofortige, aber nur vorübergehende Unterbringung vom Gericht als notwendig erachtet wird.

Die Dauer einer einstweiligen Unterbringung ist in der jeweiligen Landesgesetzgebung geregelt und darf 6 Wochen bis 2 Monate nicht überschreiten.

? ***Frage:*** *Unter welchen Voraussetzungen liegt im Sinne des Strafrechts Schuldunfähigkeit wegen seelischer Störungen(§ 20 StGB) vor?*

✔ **Antwort:** *Schuldunfähig* ist eine Person, die:

- wegen einer krankhaften seelischen Störung,
- einer tiefgreifenden Bewußtseinsstörung,
- wegen Schwachsinns oder
- einer anderen seelischen Abartigkeit

nicht in der Lage ist, das Unrecht ihrer Tat einzusehen oder nach dieser Einsicht zu handeln.

Verminderte Schuldfähigkeit (§ 21 StGB) liegt dann vor, wenn aus den oben genannten Gründen die Einsichts- und Handlungsfähigkeit einer Person erheblich gemindert ist.

Literatur

Bash, K.W.: Lehrbuch der allgemeinen Psychopathologie, Thieme, Stuttgart 1955.

Benkert, O.; Hippius, H.: Psychopharmakotherapie, Springer, Berlin – Heidelberg – New York-Tokyo, 1986.

Bleuler, E.: Lehrbuch der Psychiatrie, Springer, Berlin – Heidelberg – New York, 1983.

Degkwitz, R.; Helmchen, H. (Hrsg): Diagnosenschlüssel und Glossar psychiatrischer Krankheiten, Springer, Berlin – Heidelberg – New York, 1980.

Forth, W.; Henschler, D. (Hrsg): Allgemeine und spezielle Pharmakologie und Toxikologie, Bibliographisches Institut, Mannheim – Wien – Zürich, 1983.

Mendelssohn, F.v.: Psychiatrie, UTB Franke, München, 1973.

Möller, H.J.; Kissling, W.: Psychopharmakotherapie, Kohlhammer, Stuttgart, 1989.

MSD Sharp & Dohme GmbH: Psychiatrische Erkrankungen, in: MSD Manual, Urban & Schwarzenberg, München – Wien – Baltimore, 1984.

Müller, C. (Hrsg): Lexikon der Psychiatrie, Springer, Berlin – Heidelberg – New York, 1973.

Rudolf, G.A.: Therapieschemata Psychiatrie, Urban & Schwarzenberg, München – Wien – Baltimore, 1988.

Scharfetter, C.: Allgemeine Psychopathologie, Thieme, Stuttgart, 1985.

Tölle, R.: Psychiatrie, Springer, Berlin – Heidelberg – New York – Tokyo, 1985.

Winkler, Ch.; Cornely, M.E.: Aids, Köln, 1989.